U0663967

共话时政 十七大热点通俗读物

丛书主编：邢贲思　副主编：易冰

始终站在
时代的前列

——以改革创新精神全面推进党的建设

徐锋 ◎著

人民出版社

出版说明

为深入学习贯彻党的十七大精神，根据中央关于"宣传贯彻十七大精神要贴近实际、贴近生活、贴近群众，善于用事实说话、用典型说话、用数字说话"的要求，我社特组织编写了《十七大热点通俗读物》丛书，邀请众多相关领域的专家学者，围绕党的十七大报告提出的一系列新思想、新观点、新论断，针对干部群众学习贯彻过程中普遍关心的热点、难点问题，用"一题一书"的形式进行阐释与讲解，每本书篇幅简短精练，观点准确，力图做到形式活泼，深入浅出，通俗易懂，成为广大基层干部群众、青年学生进一步学习领会十七大精神的重要读本。

目录
CONTENTS

中国特色社会主义事业是改革创新的事业。党要站在时代前列带领人民不断开创事业发展新局面，必须以改革创新精神加强自身建设，始终成为中国特色社会主义事业的坚强领导核心。

世情、国情、党情的发展变化，决定了以改革创新精神加强党的建设既十分重要又十分紧迫。必须把党的执政能力建设和先进性建设作为主线，坚持党要管党、从严治党，贯彻为民、务实、清廉的要求，以坚定理想信念为重点加强思想建设，以造就高素质党员、干部队伍为重点加强组织建设，以保持党同人民群众的血肉联系为重点加强作风建设，以健全民主集中制为重点加强制度建设，以完善惩治和预防腐败体系为重点加强反腐倡廉建设，使党始终成为立党为公、执政为民，求真务实、改革创新，艰苦奋斗、清正廉洁，富有活力、团结和谐的马克思主义执政党。

——摘自党的十七大报告

必须以改革创新的精神加强党的建设

时至今日，中国的改革开放已走过将近三十个年头。三十年与中国五千年文明史相比，不过一瞬。然而，我们伟大的人民就是在这一瞬间创造了本民族有史以来最庞大的社会财富，我们的社会也正是在这一瞬间发生了空前伟大、深刻的变革。毫无疑问，是社会主义市场经济、中国特色社会主义的理论和实践造就了这一切，是执政的中国共产党引领了这一切；归根结底，是持续的和全面的制度和理论创新孕育了这一切，是广泛的和不断深入的改革事业促成了这一切。国内外现代化的历史与现实告诉我们：如果没有改革和创新，就没有社会的发展与进步；如果执政党不以改革和创新的精神对待党的建设，它就失去了引领社会发展的能力和资格。正是在这个意义上，胡锦涛总书记在十七大报告中旗帜鲜明地指出："中国特色社会主义事业是改革创新的事业。党要站在时代前列带领人民不断开创事业发展新局面，必须以改革创新精神加强自身建设，始终成为中国特色社会主义事业的坚强领导核心。"

（一）改革创新的事业需要一个先进的执政党

我国的改革创新事业是社会主义的改革创新事业。改革、创新都是手段，它们共同的目的就在于全面推进中国的现代化建设事业，把我国建设成为富强、民主、文明的社会主义强国。因此，在中国，中国共产党领导的改革与创新事业与建设中国特色社会主义事业是根本一致的。

建设社会主义是一项前无古人的事业。在中国共产党之前，历史上有许多有志之士、政治力量都对这项事业做出过开拓性的尝试。

最早的空想社会主义者欧文、傅立叶等人，他们的努力不仅停留在批判资本主义和勾勒社会主义的基本特征方面，也包括在欧洲、美洲等地创建一些社会主义的"试验田"，有人还因此倾家荡产。他们都没有能够取得成功，原因就在于他们始终无法摆脱历史的局限，一直无法形成科学的理论，无法凝聚起一支强大的和先进的力量，无法从根本上变革社会现实，不能建构起有别于资本主义的全新的社会秩序，因而也无法找出一条科学的通向社会主义的道路。

马克思、恩格斯和列宁都是伟大的共产主义者和人本主义者，都以全人类的自由和解放事业为己任，他们创立了马克思主义、列宁主义，从理论上和实践上奠定了科学社会主义的基础，马克思亲自领导组建了世界上第一个无产阶级政党，列宁领导俄国建立了第一个无产阶级专政的国家。马克思、恩格斯和列宁都非常重视无产阶级政党的自身建设，他们都是始终致力于实践无产阶级民主和确保革命政党先进性的典范。正是在他们的领导下，无产阶级政党的力量不断壮大，科学社会主义完成了从理论到实践的第一次飞跃。

作为世界上第一个社会主义国家，苏联早期经济社会的迅猛发展是有目共睹的。在一个时期内列宁亲手缔造的苏联共产党还没有蜕化变质，苏联的社会主义建设才得以顺利进行，苏联才能够取得卫国战争的胜利，并为世界反法西斯斗争、世界民主进步事业做出了伟大的贡献。但是，后来苏共的自身建设没有能够跟得上不断前进的苏联社会现代化的步伐，政治上独裁盛行，理论上僵化保守，组织上涣散无力，作风上严重脱离群众。苏共最终没有能够经得住长期执政的考验，最后被寻求改革和渴望富强、民主、文明的苏联人民所抛弃。

中国的民主革命走了自己的道路，从理论上和实践上丰富和发展了马列主义。中国的社会主义建设也要走自己的路，也要从理论上丰富和发展马克思主义。中国共产党建党八十多年来的历史告诉我们：只要偏离了自主改革和创新的路线，中国共产党、中国的革命和建设事业就总会走弯路、总会遭遇挫折。中国改革开放近三十年的经验告诉我们，只要把党建设好，始终保持党在政治上的先进性、理论上的科学性，中国特色社会主义建设事业就能够不断取得新的胜利。

反之，如果执政的共产党不能保持自身的先进性，在思维上总是要守住那些落后、保守的条条框框，在行为上总是要护住那些陈腐、有害的坛坛罐罐，就会缺乏时代的敏感，就会难以洞悉世界的潮流，就会走向沉沦和倒退。执政的共产党如果不能以民主原则主导党内生活、建立和巩固党的制度，就会蜕变成为官僚衙门，就会走向专制集权，必然会脱离群众并走向历史的反面，而一个保守、专制的政党是不可能真正成为团结和引领人民群众进行社会主义现代化建设的中坚力量的。历史告诉我们，不论何时何地，只要丧失了应有的先进性，共产党就不再是真正意义上的共产党，社会主义事业就会失去政治上的保障，所谓的"改革"也就成了少数寡头恣意攫取公共资源的幌子。20世纪80年代以后，苏联社会主义建设的成果之所以会毁于一旦，苏共盛极一时的改革试验之所以会最终破产，问题就出在这里。所以，改革创新的事业必须有一个先进的执政党来引领，否则就一定会出现挫折和倒退。

> **我们党长期以来先进性建设的四点启示**
>
> 一、加强党的先进性建设，始终是我们党生存、发展、壮大的根本性建设。
>
> 二、加强党的先进性建设，需要同实现党的历史任务紧紧联系起来。
>
> 三、加强党的先进性建设，在执政特别是长期执政的条件下任务更为艰巨。
>
> 四、加强党的先进性建设，是加强和改进党的建设的长期任务和永恒课题。

（二）革新党的建设，不仅是执政党的事，也是中国人民、中华民族的事

一个时期以来，在党内外普遍存在这样一种想当然的看法：党的自身建设只是中国共产党的家务事，它究竟应当怎样搞、搞成什么样子都与党外力量无关，都与老百姓毫无关系。这是不对的。中国共产党的自身建设不仅关系到这个党的前途与命运，同样也关系到广大人民群众切身的和长远的利益，关系到中华民族的荣辱兴衰。因此，执政党的自身建设应当也必须同时被视为中国人民、中华民族的大事。

党建怎样搞、搞得怎么样，关系到执政党的本质。执政党是否能够把自己建设成为先进的、民主的、现代化的政党，关系到它是否能够保持自己无产阶级先锋队、中国人民和中华民族的先锋队的性质，关系到它能否成为是中国特色社会主义事业的领导核心，能否代表中国先进生产力的发展要求、代表中国先进文化的前进方向、代表中国最广大人民的根本利益。

党的本质最终要靠党的政策来体现。政策就是作为和不作为。中国共产党在执政舞台上做了些什么、怎样做的，没有做什么、为什么不做，这些将能够从实践层面上检验党的理论、党的价值理念是否真正落到了实

处，因而也能够从根本上检验执政党的自身建设是否保持、巩固了共产党的本质。好政策从整体上反映出党建的积极成果，糟糕的政策则从整体上折射出党建中的问题。长时期、持续不断的好政策说明党的建设没有脱离正确方向；长时期、接连不断的糟糕的政策说明党的建设存在严重问题。党的政策总会给人民群众的利益带来或好或差的影响。老百姓希望执政党去做的，它没有做或者没做好，老百姓希望执政党不要做的，它却做了，甚至乐此不疲，这都会导致非常严重的后果——既直接损害老百姓的利益，也最终损害执政党、改革创新事业的利益。反之，执政党无论做什么、不做什么都处处照顾到老百姓的利益，时时着眼于社会上最大多数人民群众的根本利益，社会主义和谐社会、中国特色社会主义才大有希望，中华民族的伟大复兴才大有前途。

民为邦本，老百姓的事历来是天大的事。当今世界，任何执政党都只有竭尽全力地维护和发展老百姓的权利，才能够维持和巩固自己的执政地位，才能够保持和增强社会、国家的团结与进步。但是，并非所有的执政党都能够认识到这一点，也并非所有认识到这一点的执政党都能够做到这一点。只有那些始终通过坚持强化自身建设做到始终与老百姓同呼吸共命运的执政党才能够做到这一点。而对于老百姓而言，一个始终关注自身利益的执政党也确实是自身最根本的利益所在。因此，他们有充分的理由向执政党的自身建设提出自己的希望和要求。

党的事业与人民群众的事业从根本上来说是一致的，人民群众希望有一个始终能够站在时代前列、不断引领改革创新事业胜利前进的先进的、民主的和现代化的执政党，执政的中国共产党就应该把自己建设成为这样的党。从党的性质、党的建设、党的政策与人民群众的关系角度来看，人民群众对党的建设的意见和期望与执政党的先进性并不矛盾。党的建设也不会因此而出现所谓的"尾巴主义"，原因就在于：人民群众的声音就是时代的声音，党的先进性也绝对不是什么可以脱离人民群众的抽象的先进性。

（三）只有革新党的建设，才能铸就一个先进的政党

时代总在进步，社会总在发展，形势总在变化。这就要求引领社会发展的执政党始终顺应历史的潮流，以改革创新的精神推进自身建设，以适应未来的发展趋势和当前的形势、任务。对于中国共产党来说，在当前世界社会主义运动总体上尚处于低潮的历史背景下，在一个世界性的大国里执掌政权、领导社会主义建设，就好比航海家驾驶航船在大海上搏击惊涛骇浪，自己不随机

应变而企图以不变应万变，不积极进取，只是想着得过且过听天由命，结果可想而知。不以改革创新的精神对待党的建设，党就无法成为一个合乎时代要求、顺乎国情民心的先进的政党，因而也就无法完成自己的历史使命。

没有改革创新的自身建设，执政党的先进性就无法保证。任何政党，只要它想要存在和发展下去，都必须在自身的理论、政策和组织行为上充分地体现出社会发展的最新成果和最新要求，都必须竭力摆脱和放弃那些不合时宜、僵化保守的模式和套路。事物总是处于新陈代谢的过程中。通俗地讲，保持党的先进性就是始终要让我们党自身新鲜的、现代性的方面整体上超过那些陈旧的、非现代的东西，始终保持自身的生机和活力。为此，党就必须全方位地置身于社会发展、改革开放的生态系统中，参与系统的循环，参与物质与能量的交换，在循环和交换中吸收新质、去除旧质。否则，关起门来搞党建，不知有汉、无论魏晋，刻舟求剑、闭门造车，就会被时代远远地抛在后面。

在我们党的执政生涯和自身建设当中，总会有许多现存的但却是不合理的、不现实的东西，必须予以摒弃和革新。同时，我们应当看到，由于这些不合理、不现实的东西每时每刻都可能产生，所以也不可能一劳永逸地清除干净。那么，办法只有一个：通过不断的改革和创新，坚持不懈地清理掉不合理的东西。毛泽东曾经以"流水不腐，户枢不蠹"的例子来说明事物在不同的运动中抵抗侵蚀，保持活力的道理。他指出，房子是应该经常打扫的，不打扫就会积满了灰尘；脸是应该经常洗的，不洗也就会灰尘满面。我们同志的思想，我们党的工作，也会沾染灰尘的，也应该打扫和洗涤。"打扫房屋"、"洗净脸面"的本质就是要改革、要创新。否则，我们的党就无法吸引和争取到群众，就会丧失生机和活力，就会失去存在的现实性。苏共在这方面已经有一个前车之鉴，我们必须引以为戒。

胡锦涛同志指出，当今世界正在发生广泛而深刻的变化，当代中国正在发生广泛而深刻的变革。机遇前所未有，挑战也前所未有，机遇大于挑战。随着改革进入攻坚阶段，中国特色社会主义的理论和实践推进到全新的历史阶段，中国社会发展深层次的矛盾和问题日渐表面化，党的执政能力和执政地位面临严峻的考验。为此，执政党必须把深入贯彻科学发展观和积极构建社会主义和谐社会作为首要的战略任务来完成。要完成这一任务，执政党就必须切实加强和改进自身建设，必须站在完成执政兴国使命的高度，把提高党的执政能力、保持和发展党的先进性，体现到领导科学发展、促进社会和谐上来，落实到引领中国发展进步、更好代表和实现最广大人民的根本利益上来，使党的工作和党的建设更加符合科学发展观的要求，为科学发展提供可靠的政治和组织保障。这一政治和组织保证只有从革新党的建设中来。只有革新自身建设，中国共产党才能够始终与时代保持同步，才能够成为一个始终坚持并不断发展马克思主义的先进政党，一个科学执政、民主执政、依法执政的现代政党，一个和谐进步、团结统一、制度健全的民主政党。只有革新党的建设，我们才能够造就一支德才兼备、亲民善治的高素质的干部人才队伍，才能够卓有成效地开展党员队伍和基层组织建设，才能够永葆党的生机与活力。最为重要的是，只有革新自身建设，我们党才能够始终保持与群众的鱼水关系，并永远致力于民族的振兴和人民的幸福。

一

新时期执政党自身建设的
总体目标和基本要求

十一届三中全会以来，随着改革开放的深入发展，中国共产党自身建设的改革创新也在不断推进。在总结党的建设经验和成就的基础上，十七大报告明确地提出了"以改革创新精神全面推进党的建设新的伟大工程"的历史任务，要求党的建设"必须把党的执政能力建设和先进性建设作为主线，坚持党要管党、从严治党，贯彻为民、务实、清廉的要求，以坚定理想信念为重点加强思想建设，以造就高素质党员、干部队伍为重点加强组织建设，以保持党同人民群众的血肉联系为重点加强作风建设，以健全民主集中制为重点加强制度建设，以完善惩治和预防腐败体系为重点加强反腐倡廉建设，使党始终成为立党为公、执政为民，求真务实、改革创新，艰苦奋斗、清正廉洁，富有活力、团结和谐的马克思主义执政党。"这就为新时期执政党的自身建设提出了总体的目标和基本的要求。

（一）以党的执政能力建设和先进性建设为主线，全面推进党建系统工程

建设一个什么样的执政党，怎样建设执政党，无论对于中国特色社会主义建设，还是对于中国共产党的自身建设，都是一个非常重大的理论和实践课题。中国共产党之所以能够领导我国建设取得举世瞩目的成就，关

键在于我们党始终坚持不懈地抓自身建设，坚持不懈地推进自身建设的改革创新，使党的执政能力不断提高，党的先进性不断发展。

加强党的执政能力建设，就是要提高党的领导水平和执政水平，增强全党对自身所处的新的历史方位和所肩负的执政使命的适应能力，同时，要提高对长期执政条件下各种消极腐败因素的免疫能力，增强党的拒腐防变和抵御风险的能力。党的十六届四中全会《关于加强党的执政能力建设的决定》指出，执政能力建设是党执政后的一项根本建设。无产阶级政党获取政权不容易，长期执掌好政权更不容易。党的执政地位不是与生俱来的，也不是一劳永逸的。全党必须居安思危，增强忧患意识，深刻吸取国外执政党兴衰成败的经验教训，更加自觉地加强执政能力建设，始终为人民执好政、掌好权。

马克思主义执政党的建设，必须以党的执政能力建设为主线。加强党的执政能力建设，就必须始终坚持以马列主义、毛泽东思想和中国特色社会主义理论体系为指导，深入贯彻科学发展观，全面贯彻党的基本路线和基本纲领，以保持党同人民群众的血肉联系为核心，以建设高素质干部队伍为关键，以改革和完善党的领导体制和工作机制为重点，以加强党的基层组织和党员队伍建设为基础，努力体现时代性、把握规律性、富于创造性。当前和今后一个时期，党的执政能力建设的主要任务是：不断提高驾驭社会主义市场经济的能力、发展社会主义民主政治的能力、建设社会主义先进文化的能力、构建社会主义和谐社会的能力，以及应对国际局势变化和处理国际事务的能力。

我们党向来重视保持和发展党的先进性。以胡锦涛同志为总书记的党中央明确提出了党的先进性建设的重大命题，科学回答了什么是党的先进性建设、在新的历史条件下为什么要加强党的先进性建设、怎样加强党的先进性的问题，进一步丰富和发展了马克思主义的建党理论。

开展党的先进性建设，就是要使党的理论和路线方针政策顺应时代发展的潮流和社会进步的要求、反映全国各族人民的利益和愿望，使各级党组织不断提高创造力、凝聚力和战斗力、始终发挥领导核心作用和战斗堡垒作用，使广大党员不断提高自身素质、始终发挥先锋模范作用，使我们党保持与时俱进的品质、始终走在时代前列，不断提高执政能力、巩固执政地位、完成执政使命。为了实现上述要求，执政党必须坚持立党为公、执政为民，全面落实科学发展观，始终抓好发展这个党执政兴国的第一要务，把党的先进性要求转化为全党的实际行动、贯彻到党的全部执政活动中去，切实落实到发展先进生产力、发展民主政治、发展先进文化、构建和谐社会、实现最广大人民的根本利益上来。加强党的先进性建设，在执政特别是长期执政的条件下任务更为

一　新时期执政党自身建设的总体目标和基本要求

艰巨。为此全党必须居安思危，增强忧患意识，永不自满，永不懈怠，不断把马克思主义中国化推向前进，不断把中国特色社会主义事业推向前进。

先进性建设和执政能力建设两者相辅相成，一起形成新时期指导执政党自身建设的主线。"先进性是马克思主义政党的根本特征，也是马克思主义政党的生命所系、力量所在。党的先进性建设是马克思主义政党自身建设的根本任务。""抓住了先进性建设，就抓住了党的建设的根本，就抓住了加强党的执政能力建设、巩固党的执政地位的关键。"先进性建设必须落到实处，必须体现在党的执政能力建设当中。党的十六届四中全会《关于加强党的执政能力建设的决定》指出，执政党的各方面建设都应该体现到提高党的执政能力、巩固党的执政地位、实现党的执政使命上来。党的自身建设必须始终注意把加强党的先进性建设同加强党的执政能力建设统一起来。

（二）新时期建设马克思主义执政党的"三十二字"总目标

中国共产党是一个在中国长期执政的马克思主义政党。我们必须始终明确和坚持这一点，因为它涉及中国共产党的政治性质、历史定位和社会角色等一系列重大问题。作为马克思主义的执政党，中国共产党必须将执政能力建设和先进性建设作为自身建设的主线。为了深入贯彻这一主线，新时期党的建设就必须努力实践十七大报告所提出"立党为公、执政为民，求真务实、改革创新、艰苦奋斗、清正廉洁，富有活力、团结和谐"的三十二字总目标。这一总目标从战略的高度指明了新时期党的自身建设发展的方向，既坚持了马克思主义政党的基本原则，又具有鲜明的中国特色和时代特色。实现了这一目标，我们党将会具有更加强大的创造力、凝聚力和战斗力。

"立党为公、执政为民"是党的建设基于党的根本宗旨而确立的战略目标。权力、利益及其关系问题是任何执政党都会面临的重大问题，特别是在权力和利益始终存在着彼此诱导和转换可能的情况下，这个问题就更加引人注目。执政党执政是否成功，它的执政地位是否巩固，关键就在于它如何掌握和运用权力，在于它运用权力做了哪些事情。毋庸置疑，老百姓也是基于这一点来认识、评价和对待执政党的。

对于合格的执政党而言，权力及其运行应当具有公共性，它只能被直接地用来服务于老百姓的利益和社会的公共利益。明白地讲，政党、执政党都有自己的利益。包括政党在内，没有自身利益的社会组织从逻辑上讲是说不通的。老百姓并不否定政党、执政党拥有和要求实现自己的利益，但这是有条件的。执政党只有在较好地服务于老百姓的利益、公共利益并且受到老百姓许可的条件下，才可以间接地收获自己的利益。近年来，一些曾经创造辉煌业绩的老党、大党之所以会相继下台，问题就在于这些党都不同程度地损害了自己所掌握的权力的公共性，把人民赋予的权力当成了直接谋取党派和特殊利益集团私利的工具。这样，它们就彻底失去了公共权力固有的说服和诱导人民群众的积极要素。

共产党是以马克思主义武装起来的无产阶级先进政党。党的最高纲领是实现共产主义，实现人的全面解放和自由发展。这就决定了党必须始终如一，全心全意地为人民服务。我们在强调这一方面的同时也应当看到，共产党始终处于复杂的社会历史生态当中，因而也始终存在着腐化变质的危险。执政给了共产党更好地为人民服务的条件和机会，但也使党的先进性面临更严峻的考验。搞得不好，在权力欲望和个人、集团私利的驱使下，共产党也可能走向人民利益、共产主义事业的反面。苏共在这方面就是一个例子。殷鉴不远，我们必须始终保持自己无产阶级政党、马克思主义政党的先进本质，牢固树立"立党为公、执政为民"的根本宗旨。

"求真务实、改革创新"是党的建设基于党的思想路线而确立的战略目标。解放思想、实事求是是马克思主义政党的思想路线，是中国共产党路线、方针、政策的世界观和方法论基础，是关系到党的事业兴衰成败的生命线。中国共产党所走过的八十多年的历程告诉我们，什么时候我们较好地坚持了解放思想、实事求是的思想路线，党的力量就会发展壮大，中国的革命和建设事业就会蓬勃发展。反之，什么时候我们背离了这一思想路线，党的力量就会衰弱消减，中国的革命和建设事业就会走弯路、受损失。

在新的历史时期，在社会利益和阶层不断分化、改革进程推进到攻坚阶段的今天，解放思想、实事求是不能成为挂在嘴边的教条，也不能停留在空洞的理论宣传上。它必须结合中国的改革开放事业，结合中国社会主义和谐社会的建设，结合党的一项项方针政策，结合党为国家和社会、为老百姓所做的一件件具体而微的事情，才能够最终落到实处。应当看到，只有务实的态度才会推动求真的探索，只有求真的探索才有务实的政策；只有改革的动力才能够促进创新的事业，只有创新的需要才能够推动改革的深入；只有执政为民、立党为公，始终坚持人民的事业和利益至上，党的理想作风建设才能够走得踏实、稳健。总之，改革创新的事业要求我们党必须解放思想、实事求是，努力做到求真务实；同时，也只有解放思想、实事求是，努力做到求真务实，改革创新的事业才能够持续稳步地发展。

"艰苦奋斗、清正廉洁"是党建工作基于党的工作作风而确立的战略目标。1949 年 3 月，在新民主主义革命即将胜利的前夜，在中国共产党即将在全国范围内执政的前夕，毛泽东要求全党务必继续保持谦虚、谨慎、不骄、不躁的作风，务必继续保持艰苦奋斗的作风。从历史上看，一个政党，在它处于创业时期，总是比较谨慎和勤俭的；而当其功成名就的时候，则往往忘乎所以。古人曾经总结道："满招损，谦受益。""历览前贤国与家，成由勤俭败由奢。"毛泽东很早就注意到这个问题。在延安整风中，他曾把郭沫若的《甲申三百年祭》列为整风文件，要求全党同志们引为鉴戒，不要重犯胜利时骄傲的错误。

建国近 60 年、改革开放近 30 年以来，新中国的各项事业蒸蒸日上，我们的综合国力有了质的飞跃。在如此辉煌的成就面前，执政党是否就有资格居功自傲、腐化懈怠了呢？答案当然是否定的。党的性质不容这样做，老百姓也不会答应。执政为民、执政兴国是中国共产党应有的职责和义务，是人民群众授予其执政权力的前提和基础。纵观世界政党政治，人们经常看到，由于种种主客观条件的限制，许多执政党即便是竭尽全力都未必能够赢得民心、保住政权，更不用说居功自傲、腐化懈怠了。

当前，我国社会正在发生深刻变革，改革已经深入到必须协调、重整各社会阶层和集团权力和利益关系的攻坚阶段。在这一阶段中，任何旨在调整利益格局的努力都会造成相关利益主体权利的增加或者损失，执政党更应当如履薄冰、如临深渊、小心谨慎，避免自身内部出现既得利益集团，遏制少数党员干部枉顾党纪国法的贪腐图利行为的蔓延。否则，党就会失去老百姓的信任，失去执政的合法性。正是在这个意义上，以胡锦涛同志为总书记的党中央一贯强调全党要始终牢记"两个务必"，始终保持艰苦奋斗、清正廉洁的生活和工作作风，并把它作为新时期党建工作最为重要的战略目标之一。

"富有活力、团结和谐"是党的建设基于党的精神面貌而确立的战略目标。党的精神面貌从形式上体现党的建设成果并直接影响到老百姓的政党认同。从心理学的角度来讲，人们多半会倾向于喜新厌旧，对于许多非常熟悉的东西反而会发生审美疲劳，甚至苛责有加。从这一点来看，任何政党都会努力追求以清新、良好的形象展现在世人面前，形象、面貌是老百姓直接从感性上认知和接受一个政党的重要窗口。从世界范围内来看，许多新近成立的政党在形象方面具有先天的优势。因此，对于许多历史悠久的老党而言，如何能够与时俱进，吸引并抓住群众，始终是一个不可轻忽的重大问题。

世界上存在过并仍然存在着许多老党、大党。对于老党而言，最可怕的就是在组织上、党员干部队伍上，以及思维和行为方式上积累了较多的惰性，暮气沉沉，缺乏新鲜气息，缺乏生机活力。对于大党来说，最危险的就是党内不团结、不和谐，存在着党的领导层之间、领导层与基层和党员之间的疏离和矛盾，埋藏着路线斗争和组织分裂的隐患。中国共产党是一个成立已经 80 多年、执政已有 50 多年的老党。中国共产党恰恰又是一个已经拥有七千多万名党员，党员阶层成分和社会地位都非常复杂多样的大党。因此，对于我们这样一个老党、大党而言，保持和巩固党内的团结与和谐，提升全党的朝气与活力，同样也是攸关党的政治地位、政治前途的重大理论和实践课题。

综上所述，新时期党建工作"三十二字"总目标各有侧重，同时又是彼此融会的。它们有一个共同点，那就是都致力于保持党的先进性和增强党的执政能力，都服务于党和人民的改革开放事业、社会主义和谐社会的建设事业。只要我们深入领会和贯彻十七大关于党建工作的总体部署，我们的党就大有希望，社会主义的中国就大有希望，世界社会主义就大有希望。

二

建设一个始终坚持并不断发展马克思主义的先进政党

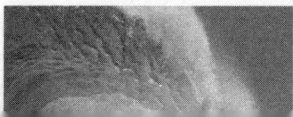

人要有灵魂，党要有党魂。马克思主义是中国共产党
的党魂，是党的一切路线、方针和政策的世界观与方法
论指南。马克思主义之所以会成为我们党最根本的指导
思想，就在于它是一个兼具现代性、革命性和开放性的
科学的理论体系，一个不断地从实践中来又回到实践中
去的理论体系，一个始终处于发展和丰富过程中的具有
强大生命力的理论体系。中国共产党之所以是一个具有
先进性、凝聚力和战斗力的优秀政党，在于它始终把马
克思主义作为自己的思想和理论基础，始终维护马克思
主义的无产阶级党性和与时俱进的理论品质，始终在中国
的革命和建设中坚持和发展马克思主义。在新的世纪、新
的历史时期，我们更要把中国共产党建设成为一个永葆先
进性的现代化执政党，当然要继续坚持和发展马克思主
义，当然要守护而不能弱化、偏离或者背叛我们党的党
魂。

（一）真正的马克思主义总是源自鲜活的实践，因而绝不是僵化的教条

马克思生前曾经说过：就我所知，我不是马克思主
义者。近两年，海内外都有个别学者脱离语境、情境，
曲解这句话，歪曲马克思主义，这是我们必须明确反对
的。我们知道，马克思所要阐述和论证的，是客观存在

的人类历史的发展规律。对于客观规律，马克思揭示它，它存在并发生着作用；马克思不去揭示它，它仍然存在并发生着作用；马克思揭示对了，它存在并发生着作用；马克思揭示错了，它还是存在并发生着作用，它决不会受马克思个人思想意识的影响，更不会因马克思个人的发明创见而改变。教条主义者看不到这一点，他们把马克思的每一句话、每一个判断都当做万世不易的真理，这恰恰是违背了马克思主义的基本原则。马克思否认自己是"马克思主义者"反映了马克思深深的忧虑，他唯恐人们忘记了自己理论与方法的实践性和批判性，不是始终将其置于革命实践中检验、丰富和发展，而仅仅是将其当做圣经来顶礼膜拜。

马克思否认自己是"马克思主义者"反映了马克思主义彻底的批判性和现实性，是马克思主义的一个光辉命题。它表明，马克思主义最重要的是它的立场和方法，而不是一成不变的教条。所有将马克思主义诉诸实践的才是真正的马克思主义。相反，那些剥夺了马克思主义同其他理论交流、竞争或斗争的空间和权力的做法，那些将马克思主义脱离具体实践过程的努力，表面上看起来好像是坚定的马克思主义，但它却做了马克思主义的敌人都做不到的事情：扼杀了马克思主义的活力。一个具体的例子，列宁逝世以后，苏联共产党及其包括斯大林在内的几代领导人在如何坚持和发展马克思主义这个问题上一直存在着非常明显的教条主义的倾向，他们将马克思主义切割得支离破碎，把它搞成了一个斯大林化了的马克思主义体系。长期以来，这个遍布舛误、僵硬保守却又高高在上、不容存疑的体系一直被当做权威的、正宗的马克思主义广为流传，对包括中国革命和建设在内的世界社会主义运动产生了很大的消极影响。一直到今天，每当我们将要在改革和发展中做出新的探索时，总还是会遇到那些仍然坚持斯大林教条的"马克思主义者"的掣肘。当然，我们也应当承认，教条的马克思主义本身还是具有它作为反对者的价值，我们也还不能够用斯大林式的粗暴的办法来消灭它。真正的马克思主义始终是具有现实性、批判性的，它不是什么真空中的东西，它正是在同形形色色的错误理论和教条的斗争中不断发展出强大的免疫力和生命力的。

斯大林教条主义及其历史危害

斯大林作为一个历史人物，他对苏联革命和建设无疑有着巨大的历史功勋。但是，这些光彩的一面并不能折抵他的历史过失，特别是由他所构建、发展起来的一整套斯大林教条主义所带来的消极后果。列宁逝世后，斯大林独揽苏联党政权力后，在思想方法上陷入了主观教条主义，并以暴力手段把教条主义推向了极端。但是，这一切又是在"反教条主义"的名义下进行的。斯大林也曾一再强调

"马克思主义不是教条而是行动的指南"，但他的目的不过是要证明他的政治对手们所坚持的也是过时的旧公式，证明只有他自己的公式才是明晰的正确的。一方面，斯大林把马克思、恩格斯、列宁描述成为崇拜"原则"而不敢越雷池一步的人，从而把活生生的马克思主义变成了永不变更的"原则"的大杂烩。另一方面，斯大林自己又给俄国党和国家杜撰了许多新"原则"，包括所谓的镇压富农的"原则"，所谓的社会主义"经济法则"，所谓的肃反的"原则"，所谓哲学的"原则"，所谓高速工业化和农业集体化的"原则"，并把这些脱离历史发展规律、违反自然和社会规律的原则说成是"铁面无情"的。斯大林执政时期，苏联发生了残酷的大清洗，社会上形成了森严的不允许思维活跃的气氛，苏联的政界、理论界、学术界几乎没有什么新的创造。斯大林的教条主义还带有国际性。斯大林曾以"世界导师"的身份，对中国、美国、西欧、东欧各国的共产党人提出过许多"原则"性指示，若这些国家的共产党稍有不从，轻则会遭到痛斥，重则可能被开除出共产国际。斯大林教条主义曾经给中国革命带来无法估量的损失，同样也给其他国家的共产主义运动造成程度不等的消极、负面影响，因而是国际共运史上危害最大的教条主义。

（二）当代中国共产党与当代中国的马克思主义

真正的马克思主义总是存在于鲜活的实践中，因而绝不是僵化的条条框框。那些将马克思主义当成条条框框的人们，是因为他们自己原本就身处于这样那样的条条框框中。真正的马克思主义者总是要科学地对待马克思主义，总是要用马克思主义的立场和观点去分析和解决具体的实践问题，总是要在鲜活的实践中检验和发展马克思主义。马克思主义当然是科学的理论体系。但是，只有当我们科学地对待马克思主义的时候，它的科学性才不至于被抹杀。

先进的政党必须科学地对待马克思主义。科学地对待马克思主义就必须始终在鲜活的实践中坚持和发展马克思主义。一个不能科学地坚持和发展马克思主义的共产党，不能算作具有先进性的政党，甚至不能算作合格的共产党。这样的党，早晚会经不住迷惑、经不住考验，早晚会偏离马克思主义的方向，从而失去自身作为共产党存在而应有的合理性。如果它是执政党的话，它还会面临更严峻的不能说服和掌握群众的难题——不能说服和掌握群众——从而最终也会失去执政的合法性。

在科学地对待马克思主义方面，中国共产党始终是一个典范。早在革命战争年代，我们党就始终坚持将马克思主义中国化，用马克思主义来解决中国革命和建设的实际问题，先后形成了马克思主义中国化的第一阶段成果——毛泽东思想、马克思主义中国化的第二阶段成果——邓小平理论。当代中国共产党正是在毛泽东思想和邓小平理论的指导下，才能够从一穷二白的基础上，把我们的祖国建设成为一个迅猛发展、欣欣向荣的社会主义国家。

当代中国社会面临着这样几个关键的理论和实践问题：什么是社会主义，怎样建设社会主义；建设一个什么样的执政党、怎样建设执政党；中国社会需要怎样的发展，怎样巩固发展的成果和进一步推动持续发展。这三方面的理论建设是相辅相成的。搞不清社会主义的本质，执政党建设就会失去方向；搞不好执政党建设，社会发展、社会主义建设就无法搞好；弄不清楚社会发展的最终目的，党的建设就会出问题，老百姓就无法共享发展的成果，其切身利益甚至会因发展而遭受损失，社会矛盾就会尖锐化、表面化，社会主义建设就会陷于停滞或倒退，已经取得的发展成果也难以保住。邓小平理论、"三个代表"重要思想、科学发展观和构建社会主义和谐社会的重要思想，科学、现实地回答了上述重大问题。它们都是当代中国共产党充分运用马克思主义的立场和方法，紧密结合中国改革和发展的实际孕育和发展起来的重要理论体系，都为丰富和发展马克思主义做出了极为重大的贡献。

当代中国共产党的发展及其执政地位的巩固都离不开当代中国的马克思主义，离不开自己对于人类社会发展规律、社会主义建设规律和执政规律的探索和把握。

同时，当代中国马克思主义的进一步发展也有赖于当代中国共产党继续科学地对待马克思主义，有赖于当代中国共产党领导的中国改革开放事业和中国特色社会主义建设的进一步深入发展。

（三）当代中国共产党人的理想、信念和责任

马克思是一个高尚的人本主义者、共产主义者，他很早就有志于人类的自由和解放事业。在他 17 岁时所作的中学毕业论文中，马克思写到，如果我们选择了最能为人类福利而劳动的职业，那么，重担就不能把我们压倒，因为这是为大家而献身；那时我们所感到的就不是可怜的、有限的、自私的乐趣，我们的幸福将属于千百万人，我们的事业将默默地、但是永恒发挥作用地存在下去，面对我们的骨灰，高尚的人们将洒下热泪。在数千年的中国历史上，仁人志士们也一直在薪火相传，始终将"大道之行也，天下为公"的大同社会作为自己矢志不移、孜孜以求的目标。近代以来，中国人之所以最终选择了马克思主义和社会主义的道路，一个重要原因就是它们为之努力的是一个高尚的事业，这个事业又与中国人几千年来的大同理想存在着内在的一致性。

马克思主义者就是要为全人类谋福利，马克主义政

二 马克思主义的先进政党 建设一个始终坚持并不断发展

始终站在时代的前列

新时期共产党员保持
先进性的六条标准

一、坚持理想信念，坚定不移地为建设中国特色社会主义而奋斗。

二、坚持勤奋学习，扎扎实实地提高实践"三个代表"重要思想的本领。

三、坚持党的根本宗旨，始终不渝地做到立党为公、执政为民。

四、坚持勤奋工作，兢兢业业地创造一流的工作业绩。

五、坚持遵守党的纪律，身体力行地维护党的团结统一。

六、坚持两个务必，永葆共产党人的政治本色。

党就是要致力于人类的进步与发展、自由与解放的事业，致力于实现人类大同的理想，致力于实现共产主义的事业，这是它的最高纲领。作为中国社会主义事业的领导核心，中国共产党要领导全国各族人民坚持以经济建设为中心，坚持四项基本原则，坚持改革开放，自力更生，艰苦创业，为把我国建设成为富强、民主、文明、和谐的社会主义现代化国家而奋斗。这既是我们党的基本路线，也体现了我们党的最低纲领。中国共产党的最高纲领是共产党人理想、信念所系，而党的最低纲领则是共产党人责任、义务所系。当代中国共产党人只有始终坚定自己对于共产主义事业的理想和信念，才能够更深刻、更完整地体会到自己使命的艰巨、责任的重大。同时，当代共产党人只有树立起对于当前中国社会发展的强烈的使命感和责任心，才能够摆脱低级趣味而成为一个高尚的人，才能够更坚定地为共产主义事业而奋斗。

中国共产党的先进性最终要靠自己党员的先进性来体现，中国共产党党员的先进性要靠自己对共产主义事业的忠诚，对国家、人民利益的奉献来展现。中国共产党对于党员先进性的要求并非是要求每一个党员都成为功勋卓著、世人瞩目的英雄人物，它只是要求每个党员都要在自己日常的工作、生活中尽职尽责，不仅要搞好自己的生活，也要为国家、为老百姓多做好事，并且长期地、一贯地做好事不做坏事，做有操守、有理想、有信念的人，做老百姓欢迎、信服和爱戴的人。这样的人很可能一辈子都是普普通通的人，但他们绝对都是高尚的人，是保持并体现了共产党员先进性的人。

包括各级领导干部在内的所有中国共产党党员，都是在中国坚持并不断发展马克思主义的理论与实践活动的主体。共产党人只有始终坚定自己的理想与信念，始终牢记党的宗旨和自己的责任，才能够成为不断巩固和发展马克思主义的主体。他们应当也必须是这样的主体。对于那些丧失了理想与信念，抛弃了责任与使命的不合格党员来说，马克思主义、社会主义早已与他无干，他那里早就没有了什么先进性，只是剩下了个人、小集团的私利。这样的人应当也必须立刻离开我们这个

一 建设一个始终坚持并不断发展
马克思主义的先进政党

始终坚持和发展马克思主义的党。

（四）进步的社会先进的党

　　保持和发展自己的先进性，是中国共产党自身建设的永恒课题。一个政党过去先进，不等于现在先进；现在先进，不等于永远先进。马克思主义政党的先进性，包括思想理论的先进性、奋斗纲领和方针政策的先进性、领导体制和工作机制的先进性、组织和队伍的先进性，等等。有了这些先进性，党就有创造力、凝聚力和战斗力，就能得到人民群众的信任和拥护；失去了这些先进性，党就失去了生存和发展的前提，党的生命也就会停止。先进性必须通过坚持不懈的自身建设来获得、保持和发展。同时，党的先进性的内涵必须与时俱进，必须反映党所处时代的基本特征。因此，保持和发展党的先进性是一个永无止境的过程。

　　我们不能够脱离中国社会发展和社会主义建设的实际来抽象地谈论执政党的先进性问题。执政党先进性与否不是靠党的几个报告、党员的几份经验总结等书面上的东西所能评判得了的，也不是执政党自己单方面就可以下得了结论的。先进性必须是相对于特定的客观的参照系统的先进性。这个参照系统就是中国现代化发展的进程和程度。同时，共产党的先进性必须是最大多数中国老百姓认可的先进性。老百姓并不全是因为理论动听、宣传持久深入而认同执政党的先进性，他们往往更多的是因为执政党的理论和实践创新给自己带来不断发展的、可以看得见的利益而认可执政党的先进性。

执政党的先进性问题，从根本上说就是执政党的现代性问题，就是执政党的自身发展是否与现代化的发展相协调一致，就是执政党所引领的现代化进程能否为最大多数的民众带来持续发展的利益的问题。其实，不仅中国共产党，世界上所有的政党、执政党都面临着一个始终保持自身现代性的问题。在西方发达国家，就有许多政党同样高度重视自身的建设问题。尽管这些政党自身建设所用的名目和套路与我们党有所不同，但是殊途同归，大家都在致力于革新自己的理念，调整自己的政策，重构自己的组织和行为方式，等等，目的就是要使自己能够始终跟得上日新月异的现代化进程。当然，也有一些西方政党曾长期忽略自身的现代性问题。比如日本自民党，尽管这个党在 20 世纪 50—80 年代成功地引领了日本的现代化进程，但由于始终无法打破自民党官僚主导形成的"政官财"官商勾结的铁三角，日本经济社会发展一蹶不振，至今还没有完全复原，自民党也因此而一度下野。自民党意识形态中与生俱来的保守性、抗拒改革的非现代性不仅害了这个党自己，也拖累了日本经济社会的发展。目前，尽管现代自民党还在执政，

二
马克思主义的先进政党
建设一个始终坚持并不断发展

037

但早已风光不再。目前，由于自身现代性问题还没有根本解决，自民党在日本政治生活中的地位正面临越来越强有力的挑战。

国外政党紧随时代变革的努力（一）

自20世纪90年代梅杰政府下台以后，英国保守党已经连续多年没有执政了。1997年黑格当选为保守党主席后不久，就致力于保守党组织结构的全面改革。保守党组织改革有两个重要的方向：一是赋权给党员和基层，将更多的直接民主引入党内；二是搞市场化运作，使党的组织及其决策过程更具开放性、灵活性。为此，该党一是成立了使普通党员能够对政策形成发挥积极作用的政策论坛，取代原来寡头控制的保守党政治中心；二是第一次创建了由中央直接管理的党员籍册，从而使党的各级领袖能够与党员取得直接的联系；三是确立了党员一人一票直选党的领袖以及党员公投决定组织与政策问题的制度；四是成立了新的青年组织——保守党之未来；五是开通了保守党自己的互联网络。保守党一方面高度重视吸收基层党员，努力做"猎头"的工作，致力于鼓动社会上各领域中的人们，特别是妇女和少数教派、族裔的人们投身政治，用诺曼的话说："本党所需要的正是普普通通的人们"；另一方面，该党高度重视党员主导的地方政策论坛，以其为依托，保守党致力于实现政策过程从市场调研——产品设计——产品生产——产品推广——交货和产品改进的市场化过程。自改革以来，保守党在政治上日趋活跃，与工党在赢得公众支持上的差距逐步缩小。

从国内外经济社会发展的趋势来看，从政党政治发展的规律来看，我们可以得出这样一个结论：现代化的社会必须要由现代化的政党来引领，政党自身发展必须与现代化的进程相衔接、相适应。就中国社会和中国共产党而言，中国特色社会主义的事业必须依靠现代化的中国共产党来引领，而中国共产党所以有资格引领中国社会的进步与发展，关键就在于它要始终发展和巩固自身的现代性、先进性。这其中，从思想上和理论上一贯科学地对待马克思主义，始终如一地坚持和发展马克思主义，更是关键中的关键。

国外政党紧随时代变革的努力（二）

近年来，美国的民主党也表现出类似英国保守党的倾向。2003 年，曾任佛蒙特州长的迪恩曾经借助互联网网聊以及博客主页与选民互动的方式参与民主党总统初选，并取得了部分公众超乎寻常的追捧。迪恩是临时决定参选的，作为卸任的州长，他一开始并不起眼，没有竞选资金，只有400 来名支持者，但不到一年，迪恩及其手下（3 名全职的网络工程师，一个 100 名左右自愿者共同维护的网站）利用互联网、博客网页进行了成功的电子动员（E-mobilization），筹得四千多万美元的竞选资金，争取到大约一百多万名的支持者。"迪恩式选举"已成为一个信号，预示新的网络选举（Cyber-campaign）和新型政党的时代即将来临。迪恩退出初选后不久担任了民主党全国委员会主席，利用自己初选的经验，他与同僚们发誓要从根上改造民主党，改革的方向就是赋予基层及其积极分子更多的权力。为此，民主党在全国范围内组建了大量的结合互联网运作的"动态组织"(MoveOn.org)，竭力欢迎多年来一直被主流政党及其领袖边缘化的精英参与进来。

三

建设一个科学执政、民主执政、依法执政的现代政党

从十六大到十七大，努力做到科学执政、民主执政和依法执政的统一，这已经成为中国共产党从自身建设入手，改革党和国家的领导方式、推动政治体制改革和促进中国特色社会主义政治发展的重要战略部署。科学执政，就是坚持以马克思主义的科学理论为指导，不断探索和遵循共产党执政规律、社会主义建设规律、人类社会发展规律，以科学的思想、科学的制度、科学的方式组织和带领人民共同建设中国特色社会主义。要科学制定和实施党的理论和路线、方针、政策，科学设计、组织、开展各项执政活动。民主执政，就是坚持为人民执政、靠人民执政，发展中国特色社会主义民主政治，推进社会主义民主政治的制度化、规范化、程序化，以民主的制度、民主的形式、民主的手段支持和保证人民当家作主。依法执政，就是坚持依法治国、建设社会主义法治国家，领导立法，带头守法，保证执法，不断推进国家经济、政治、文化、社会生活的法制化、规范化，以法治的理念、法治的体制、法治的程序保证党领导人民有效治理国家。

　　科学执政是马克思主义政党执政成功的前提条件。民主执政是马克思主义政党执政的本质要求。依法执政是新的历史条件下马克思主义政党执政的基本方式。坚持科学执政、民主执政、依法执政，是新的历史条件下加强党的执政能力建设的重要内容。强调执政活动中的科学、民主与法治，反映了我们党对共产党执政规律认识的深化和对党长期执政正反两方面经验的科学总结，反映了我们党对自己所处的历史方位和所承担的历史使命的清醒认识，反映了我们党把推进党的建设新的伟大工程同推进中国特色社会主义伟大事业紧密结合的高度自觉。只有坚持科学执政、民主执政、依法执政，我们党才能更加有效地完成人民和时代赋予我们党的庄严使命。为此，我们必须切实把坚持科学执政、民主执政、依法执政落实到加强党的执政能力建设的实践中去，落实到改革开放和现代化建设的各项工作中去，不断推进党执政的科学化、民主化、法治化，更好地团结带领全国各族人民夺取建设中国特色社会主义事业新的更大的胜利。

（一）中国现代化的关键是执政党的现代化，是执政党执政方式的现代化

中国是一个发展中国家，我们的现代化进程还远未结束。因此，当前的中国社会还不能算作一个完全现代化的社会，许多传统的、非现代性的东西还很强大，它们从思想、制度、行为等各方面和各层次上都在牵制着中国社会的发展和进步。特别需要强调的是，在中国这样一个有着长期封建专制集权和行政权力主导传统的相

对落后的国家中，政治生活的不民主，政策活动的不科学，政治权力的不受限制始终是造成制度成本高昂、经济社会发展混乱和停滞的病根之一。

经济学研究中有一个著名的"木桶理论"，还有一个"瓶颈理论"。"木桶理论"的意思是，一个桶到底能装多少水，不是取决于这个桶上最长的那条木片，而是取决于最短的那一条。"瓶颈理论"的意思有些相似，它是指整个社会生产或者社会发展总是会受到某些薄弱环节、短缺因素的限制和约束，就像一整瓶子水都要从窄小的瓶颈中流出一样，并不如从杯子里倒出那样通畅。用上述两个理论来考察近代以来中国现代化的历史与现实，我们就会发现：相对于西方发达社会，中国社会的落后是全面的落后。不仅生产力落后，在思想文化和制度设计与建构等领域也是一样。几千年来，正是封建专制的中央集权体制和行政权力主导体制，以及为它效劳的封建意识形态成了制约中国生产力发展和社会整体发展的制度瓶颈。同时，正是由于生产力发展长期的停滞以及间歇性的倒退这一"最短的木片"的关系，中国社会才会长期陷于落后挨打的困境而不能自拔。

毛泽东和中国共产党人带领全国人民找到了打破经济社会发展瓶颈的道路。我们通过新民主主义革命和社会主义革命的胜利，开始建设人民民主的社会主义国家，开始尝试走出"历史周期率"的谜局。邓小平和中国共产党人带领全国人民找到了弥补中国社会发展最薄弱环节的道路。我们通过改革开放和发展社会主义市场经济，极大地促进了生产力的发展，并从根上改变了中国——不仅自然经济的经济社会基础，即便封建专制的政治和观念上层建筑也将被彻底打破。改革开放和市场经济不仅使中国人民走向富裕，还促成了中国人公民意识的觉醒。当老百姓完成从传统的臣民角色向现代的公民角色转换并真正成为国家和社会主人的时候，中国社会的现代化才会有全面意义上的发展，它的成就才能有根本意义上的巩固。

当然，我们还是要清醒地看到，当前中国社会的现代转型过程中的几乎所有成就，连同几乎所有的矛盾和责难，都要由中国共产党自己单独去面对。掌权就要负责任，这是再明白不过的道理。但是，由于掌权方式不同，负责任的方式也就有所不同。如果科学执政、民主执政、依法治政，执政党就是和公民们一起来负责任，因而是负有限责任。否则，排除了公民、社会的权利，也就是排除了他们的责任，执政党就要单方面负无限责任。对于执政党的执政地位而言，到底负有限责任好，还是负无限责任好？结论是显而易见的。

中国共产党执政的方式是否现代化，既与中国现代化的进程密切关联，也与党的自身理念和体质密切关联。我们党作为一个生命有机体，它的结构、体质到底是集权的还是民主的？这决定了它的灵魂，也就是它的政治理念到底是现代的还是保守的。思维决定行为，执政党的政治理念又直接决定了党领导中国现代化建设的得失与成败。如果执政党是一个现代化的政党，它有着科学、民主、发展的政治理念，那么它一定会选择与公民、社会合作共治，共担风险与责任。这样，它就一定能够持续地出台和贯彻好的政策，这些政策就一定能够深入到中国经济社会发展的本质并且有效地消除影响中国社会发展的瓶颈和隐患。所以，中国现代化的关键是执政党的现代化，是执政党执政方式的现代化。

（二）执政党不是革命党，执政能力是一种建设性的能力

从政党的产生来看，世界上存在着两类政党。一类是在反对资产阶级或者反帝、反封建的历史条件下，在当时既有的政治体制之外的革命、反抗运动中形成和发展起来的政党，我们称之为革命政党。革命成功后，革命政党大多成为建国政党。另外一类，就是在已经相对成熟的资本主义制度和资产阶级议会体制内部生产起来，旨在维护既有体制的政党，它们多是保守政党或者改良政党，我们统称之为体制内政党。革命政党、建国政党多是动员性政党，它们从事革命建国活动依靠的是

意识形态和政治组织的动员。对它们来说，如何能够用简单明白、深入人心的理论和口号争取群众支持，尽可能迅速、有效地分裂社会、破坏既有的社会制度和政治体制，这是头等重要的事。体制内政党多是适应性政党，它们要的是尽可能维护国家与社会的稳定。如果是执政党的话，它更加关注自己如何永续执政。所有的适应性政党都希望依靠受人喜爱的政治家和有吸引力的政策来获取更多的选票，以便能够尽可能地实现本党直接的政治目的——当选或执政。

中国共产党扮演过革命党（体制外政党）、执政党（体制内政党）这么两种角色，承担过破坏一个旧世界和建设一个新社会的历史重任。中国共产党是成功的革命党和成功的执政党，中国社会能够有今天繁荣发展的大好局面，关键就在这里。但是，我们自觉地将革命党和执政党的本质、任务和发展模式区分开来，也不过是近些年来的事情。当前，中国共产党自身发展和中国社会发展当中存在的一些问题，其根源也恰恰在这里。以革命党的体质和理念做执政党应当做的事情，就会影响党自身的发展和社会的整体发展，就会出问题，就会影响党自身的发展和社会的整体发展。社会学里有一个术语，叫做角色冲突，意思就是同一个主体承担了彼此矛盾的社会期待和职能，就会左支右绌，就可能出问题。举个例子，一个警察要去执行逮捕自己儿子的任务，角色冲突就来了。我们党曾经长期以革命党的思维去执政，以革命战争年代惯用的大规模社会动员、阶级斗争和政治运动的方式去搞社会主义建设，结果造成重大损失。我们党曾经长期延续革命战争时期权力高度集中、令行禁止的权力运行体制去推动社会主义政治发展，结果无论党内民主还是人民民主都相对滞后于经济社会的发展，甚至有时会阻碍和破坏这一发展。

面对历史上的深刻教训，我们必须清醒地认识到：执政党应当做适应性政党应当做的事情，应当注意增强整合社会利益、促进社会团结和引领社会发展的能力，增强科学执政、民主执政、依法执政的能力。我们必须清醒地认识到，执政能力从本质上讲是一种建设的能力。中国特色的民主政治也不是革命前脚胜利，它就后脚成功。革命只是为建设扫除了障碍、提供了条件，经济社会发展，民主政治成熟不可能一蹴而就，它们必须经历一个踏踏实实地长期积累、沉淀的过程。

（三）必须将科学、民主、法治的理念全面深入地贯穿到党的执政活动中去

科学执政不仅仅意味着执政者对科学的虔诚，也不仅仅是用现代技术的手段来辅助执政的过程，亦不单纯是要把执政变成一门科学，这些做法对于科学执政是必

要的，但却并非本质的。科学执政要体现政治现代性的要求，它主要是指执政党自身思维与行为的现代性，这种思维与行为的现代性贯穿于执政过程的始终，而且最终要靠执政的社会效果来检验。民主执政不仅仅意味着亲民和倾听民众的声音，它更加注重对公民人格、公民权利意识的培育，对公民政治参与的吸纳和接受，它应当是致力于建构一整套科学的权力结构体系和运行机制，既能够从实质上保护公民权利，又可以从程序上支撑公民权利行使。关于依法执政，我们应当从法治国家、法治权力（这应当是法治的问题）的角度去理解，它不是要求民众守法的问题（这应当是法制的问题），而是要求执政党、公共权力及其行使必须接受法的制约，也就是必须接受、服从作为人民意志的法。

执政是一个涉及理念、行为、制度和技术等多个层次的系统工程。就我们党自身建设的现实状况来说，要加强党的执政能力建设，努力的重点首先还是应当放在理念层面。科学执政、民主执政、依法执政的要求指明了中国共产党实现自身现代化和执政方式现代化的基本方向。就本质而言，这一方向就是要进一步改造我们党的思维，把民主、科学和法治这三方面充分体现政治现代性的要素灌输、渗透到我们每个党员干部的头脑当中，将那些不民主、非科学和人治的东西置换出来，使民主、科学、法治理念上升到党的主流政治理念、政治哲学的高度，从而起到主导和支配我们党的组织行为的作用。如果没有解放思想、改革创新的精神，任何执政党都会对眼前的社会变革熟视无睹，执政、主导经济社会发展的优越感往往会造成一种错觉，似乎自己总是对的，总是领先于时代潮流的。既然这样，那就无须改革。于是，执政党的思维往往就在无意之间变得僵化和保守。这是一个必须引起我们高度警惕的问题。

执政既是一个实践过程，又是一个认识过程，是理论与实践的统一。将科学执政、民主执政、依法执政作为自身执政能力建设方向的中国共产党，必须勇于和善于在执政过程中发现矛盾、解决问题，并在此基础上努力实现执政党的现代化。我们党在执政过程中遇到矛盾和问题时，都要首先反思这些它们是否从根本上与自身思维、行为和制度相关联。一个党要想拥有强大的生命力，除了拥有坚实的社会根基以外，自我反思、自我革新的能力也是必不可少的。看不到问题和矛盾，特别是看不到自身的问题和不足，执政党必然会脱离现实，丧失自我超越的动力，其自身现代化的目标也终将落空。

领悟法治的精神：德皇与磨坊主的故事

德国近代史上有一位皇帝曾在波茨坦建立了一座金碧

三 建设一个科学执政、民主执政、依法执政的现代政党

始终站在时代的前列

辉煌的行宫。当他在新宫殿里登高远眺，欣赏美景时，视线却被宫殿前一座破旧的小磨坊挡住了，这令他极为扫兴。于是，他派内务大臣前去与磨坊的主人协商，想把磨坊买下来再拆掉它。不料，磨坊主却毫不领情，反而呛了皇帝一下："祖宗传下来的家业!皇帝?上帝来买也不卖!"几经协商均告失败后，面对这样一个不识抬举、不可理喻的"钉子户"，皇帝终于龙颜大怒，他一声令下，宫廷卫队一哄而上，没费多大工夫就把这个小磨坊拆掉了。有趣的是，这个磨坊主在拆迁的时候倒是很配合，并没有哭天喊地、强行阻拦。不过，他第二天就一纸诉状把皇帝告上了法庭，地方法院的判决结果居然就是："皇帝擅用王权，拆毁由私人拥有的房屋，违反了帝国宪法，应立即重建一座磨坊，并赔偿损失费。"德皇虽然贵为一国之君，但是拿到判决书后也只能遵照执行。于是，小磨坊又在原来的地方重新建立起来，还是那样矮小寒酸，还是那样大咧咧地挡在雄伟壮丽的宫殿前面。时光如梭，几十年过去了，老皇帝去世，新皇帝即位;那个倔强的磨坊主人也去世了，他的儿子继承了他的小磨坊。此时，小磨坊的生意变得十分难做，磨坊主几乎濒临破产，万般无奈之下，他猛然想起自己老爸和老皇帝的往事，连忙给新皇帝写了一封信，表示只要皇帝愿意，他就马上把磨坊卖了，任由皇帝处置。谁知，新皇帝很快回信道："我亲爱的邻居，我怎么忍心让你丢掉这份产业?你应当竭力保住这份产业，并传之子孙。因为这间磨坊已经成为德国维护司法尊严的象征，它应当长期保留，以作为我们国家司法独立和裁判公正的纪念。"不仅如此，新皇帝还派人给小磨坊主送去一些经费，帮助他把磨坊进行了修葺。这样，小磨坊就一代代地传了下来，直到今天。

（四）提高党的执政能力，关键在于从理论上探索并从制度上革新党的领导

在不断深入的改革开放事业中，在不断进步的现代化进程中，党的自身建设事业必须同步发展，刻舟求剑没有出路，与时俱进才有前途。我们要把中国共产党建设成为一个现代政党、现代执政党，就必须坚持不懈地从理论上、制度上创新党的建设、革新党的领导。现代执政党执政能力的高下与否，它们在政治上究竟是否成功，说到底要看其自身的社会影响力。执政党社会影响力就是执政党能够有效地主导社会发展、变化的现实力量以及社会对这一力量的认同。执政党的社会影响力的大小，从根本上取决于自身所选择和维护的核心利益的吸引力，取决于执政党所倡导的社会共同体的核心价值理念的吸引力。

核心利益与一定的社会资源配置格局密切关联。执政党享有最高权力和权威，必然会通过左右社会资源配置来深刻、广泛地影响社会生活。政治、经济和文化的利益究竟向哪些社会阶层和集团倾斜，决定了执政党能在多大范围内及程度上整合社会力量，从而也决定了以执政党为核心的社会共同体的广泛性。执政党为维持自己的执政地位，其对社会资源的配置要照顾到绝大多数

老百姓的要求；执政党着眼于未来社会的进步，又要对当前社会中可能作为未来社会中坚的新兴阶层予以适当的倾斜。在这两者之间寻求一种合适的张力，从而使执政党的经济、政治和文化战略既具有普遍性，又具有前瞻性，这是在确立社会共同体核心利益时所要重点考虑的问题。与核心利益关系紧密关联的是核心价值理念。执政党不能够主观臆造，但却可以选择和提炼、弘扬一定的价值理念。从根本上推动社会进步的执政党，其核心价值观基本上都要具备先导性和普适性的特征。所谓先导性，是指价值观既立足于现实又超越现实，有其科学的依据和开放的结构，能够指导人们从事不间断的理论与制度创新。所谓普适性，是指这一核心理念能够立足于人性的根本和社会生活的本质，能够适应不断变化了的时空条件。科学、开放又不失稳定性的价值观念，作为执政党的理论基础与实践依据，能够实现整合社会心理，争取共同体共识与认同，凝聚共同体力量，推动社会进步的功能。

执政党所要维护和发展的核心利益要通过特定的制度安排来实现，它所要维护和发展的核心价值理念要通过特定的理论形式来予以表达。制度是决定性因素，制度问题更带有根本性、全局性、稳定性和长期性。执政党引领社会发展，一靠理论层面上的秩序理想，二靠实践层面上的制度建设。秩序是理想中的制度，制度是秩序理想的实现。增强执政党的执政能力，要做到科学执政、民主执政、依法执政，有许多理论上、制度上的问题需要我们进一步深化认识、大胆创新，这就需要执政党适时地放弃一些保守的、过时的理念和制度，代之以现代化的新理念、新制度。近年来，我们党在思想和理论建设、组织建设、制度建设、作风建设等多个方面都有了新气象、新局面。在总结理论与制度创新经验的基础上，十七大对党的执政能力建设提出了更高的要求。为了实现党建工作的新要求、新任务，我们必须继续牢牢抓住理论和制度创新这两个关键环节，建设一个崇尚科学、民主和法治精神，并将其深入贯彻到执政活动中的马克思主义的现代执政党。

三、建设一个科学执政、民主执政、依法执政的现代政党

四

建设一个和谐进步、团结统一、制度健全的执政党

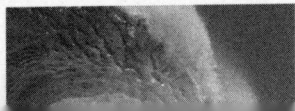

胡锦涛同志指出，党内民主是增强党的创新活力、巩固党的团结统一的重要保证。十七大对如何发展党内民主做出了具体的安排，譬如推进党务公开，营造党内民主讨论环境，实行党代表的任期制，试行党代表大会的常任制，完善地方各级全委会和常委会的工作机制，推行讨论重大问题和任用重要干部的票决制，建立健全政治局向中央委员会全体会议、地方各级党委常委会向委员会全体会议定期报告工作并接受监督的制度，改革党内选举制度、改进候选人提名制度和选举方式等等。这些安排实实在在、可操作性强，真正落到实处以后，中国共产党的党内生活将会发生重大的变化，并将因此而向一个和谐进步、团结统一、制度健全的，发扬民主的政党迈出更加坚实、更为关键的一步。

（一）党内民主是党的生命

人民民主是社会主义的生命，党内民主是中国共产党的生命。没有人民民主，就没有共产党，就没有真正的社会主义，执政的共产党就不是合格的政党、共产党和执政党。没有党内民主，共产党内就没有了团结与和谐，就没有了生机与活力。这样的党就不能较好地推动人民民主，它的执政地位就失去了合法性的支撑。

长期以来，由于受到教条化的马克思主义的影响，许多社会主义国家的共产党片面地突出了民主集中制当中集中的一面，从而忽视了其中民主的另一面。与此同时，也有一些共产党不能以真正马克思主义的立场和方法对待民主。苏共政治史上长期大搞集权、排斥民主的结果我们都是知道的：亡党亡国、现代化的全盘倒退、社会主义的空前挫折。这样的悲剧并非个案，它在现代转型国家中也是不时地出现。现代化天生有着内在的民主要求，它与一切不合理的限制、专制之间存在不可调和的矛盾，因为后者总是带来高昂的制度成本。另外，快速现代化造成的人民权利意识迅速觉醒与既有社会体制吸纳参与弹性空间有限之间也存在尖锐的矛盾。矛盾不可避免，由此而来的政治风险也无法回避。面对矛盾，执政党发展党内、党外民主可能要付出代价，不发展党内、党外民主要付出更多、更惨重的代价。只有给人民权力，他才能够保护和发展自己的利益。不给人民权力，人民就要起来拿回本应属于自己的权利。同样，只有给党员民主，党员才能够更全面、真实地反映社会的要求，才能够真正忠诚于党的事业。否则，党员就会离心离德，党的组织也就会涣散无力。

改革开放以来，我们党对于走中国特色社会主义政治发展道路，进一步深化政治体制改革等重大实践问题也都有了理论上、心理上、组织上和制度上的准备。中国共产党第十七次全国代表大会最重要的历史任务之一，就是要对社会主义民主政治的深入发展做出战略决策和全面部署。党的十七大明确提出，要以党内民主促进人民民主，这就选择了一个非常好的切入点。选择这样一个切入点，并不意味着党内民主要优先于人民民主，更不意味着两者之间要有所切割，相反，它恰恰是在强调：党内民主与人民民主相辅相成、密切关联，发展人民民主的关键在于搞好党内民主。发展党内民主，可以更有效地清除来自思想上、组织上和制度上的种种阻力和障碍，可以使党内生活更迅捷、真实地反映社会现实，形成一个良好的示范效应，更好地引领人民民主发展的方向。

没有民主，就没有政党。没有真正的民主，就没有真正意义上的政党。从本质上讲，政党天然是为民主而生的，它必须是服务于民主的工具和手段，否则它就成了帮派而不是真正的政党。在服务于民主的本质问题上，共产党当然不能例外。因此，中国共产党应当也必须始终把民主写在自己的旗帜上。

（二）必须从制度上保障党员和党的基层组织在党内生活中居于主体地位

政党是连接国家与社会的桥梁和纽带。任何政党都要通过发展和组织党员来实现自己的政治目标。党员之所以要加入政党组织，都是希望能够表达自己的意见，能够参与政策过程并发挥自己的影响。所有的政党都是一个小社会，内部都有领袖精英和普通党员的区分。这种区分不仅体现在他们在党内外的身份、地位上，而且还体现在党内资源的配置上。一般来说，人们关注较多的是政党的领袖、精英，这是带有普遍性的问题。但在另一方面，一个政党是否有实力、是否有活力，关键却在它的党员是否认同这个党，是否愿意努力地为这个党工作，这也是一个具有普遍性的问题。

出于保持自己的社会影响力，保持对党员和寻求政治参与的人们的吸引力的考虑，政党所能做的除了在意识形态、政策宣示等理念上的务虚努力而外，还必须建立健全党内民主制度，切实尊重和保护党员的权利，确保党员在本党中的主体地位，真正使党的路线、方针政策建立在党员意见表达和民主讨论的基础上，真正使党的各级权力机关、各级领导干部的产生及其活动建立在最广泛的党内认同的基础上。体验一种亲自参与了党的决策过程和党的"介入感"，在党内生活中寻求自身存在并发挥作用的价值和意义对于普通的党员群众而言是非常必要的。公众参与政党活动是希望政党及其政治活动与自己相关联，他们不能接受所加入政党内部几乎所有的事情好像都与自己无关这样一种事实。近年来，世界范围内几乎所有政党都面临党员数量锐减、人们对于政党缺乏兴趣等"政党的危机"——政党先远离了自己的党员，然后党员开始与党的关系日渐疏离。

党员与党的领袖、精英，党员与党的各级组织，党的基层组织与党的领袖集团之间权利资源的配置，以及由此而来的他们在政策形成中所发挥的地位和作用等等，都直接体现着政党内部关系是否和谐、团结，都间接反映着政党内部的制度是否规范、科学。任何社会组织和群体，要想做到内部的和谐、团结，要想巩固自身的统一，都必须切实做到以人为本。就政党而言，就是要以党员为本。以党员为本不仅要体现在理念、宣传层面，还要具体落实到党的行为和制度层面，并在此基础上形成理念、行为和制度三位一体的既有团体凝聚力又有核心竞争力的政党文化。

就中国共产党而言，要促进党内的和谐与团结，就必须切实推进党务公开和营造党内民主讨论的环境。党务公开和党内民主讨论是紧密关联的。党务公开，就是要尊重党员对于党内事务的知情权。只有在对党内事务有全面了解的基础上，党员才能够就党在各级组织层次上的政策问题进行深入的交流和探讨。党内民主讨论当然是要讨论党的政策。政策讨论的范围应当既包括协调党内生活的政策，也包括领导国家和社会的政策；既包括党员所在基层组织的政策，也包括基层组织之上所有上级组织的政策。党员随时都能够自由地对本党政策发表意见和看法，并要求获得来自其他党员、党的各级组织的反映、回馈，这是正常的和有益的，它不仅体现了发扬民主的政党尊重党员主体地位的品质，同样也有利于增强本党政策活动的科学性。中国执政党——中国共产党掌握的一切权力属于人民。中国共产党内的一切权利属于全体党员。具有广泛代表性、有着七千多万党员的执政党——中国共产党，只有首先尊重党员的主体地位，将自己全部的政策、权力置于全党民主讨论和民主约束之下，才能够尽可能地防范领导干部的主观独断以及由此带来的错误的政策，才能够更好、更切实地尊重和保护人民利益，才能真正成为一个成功的、和谐的、团结的和民主的执政党。

政党的危机及其反思

近年来，在西方社会，政党这样一种政治社团对于社会公众的吸引力都在下降。统计数字表明，近年来西方政党党员的绝对数量和党员参加选举活动的比例都在大幅下降。在欧洲 13 个老牌民主国家，党员绝对数量缩水比例为 13%，其中英国和意大利政党党员数量毛额竟然下降了 50%，"这简直就是大出血"。在美国，从 1973 年到 1994 年，每年都为政党工作的人减少了 42%，近年来还在继续下降。在英国最近的选举中，只有不到一半的工党党员参与分发传单或提醒别人投票，少于四分之一的人协助党工寄信、挨门挨户拉票和催票，只有10%的人从事过电话动员和应答、街头造势或计票监票工作。20世纪90年代末，工党党员65%根本没有为党工作过，75%承认对党的事务从来就不主动或不太主动。意大利的情况也一样，在那里各党党员很少同党的组织发生联系，也很少参加党的活动。

在越来越多的人们退出政党活动、远离政党的同时，有越来越多地人们转向形形色色的非政府组织（NGOs）来寻求自己政治意愿的表达和实现，从而推动了后者的迅猛发展。

国外许多政党及其领袖在检讨政党危机的原因时，并不是简单地诿过于来自非政府组织的竞争，而是更深入地从政党自身竞争力的下降去思考。他们认识到，政党内部相对僵化的组织行为模式，以及对于党的领袖和精英过分的关注和资源上过度的倾斜，使党员、公众事实上无法有效地通过政党实现其意见表达和参与政策形成的目的，无法找到自己参与政党活动的价值与意义，因而基本上丧失了参加政党及其活动的兴趣。针对这一事实，近年来西方政党纷纷启动自我革新机制，努力加强旨在强化党员在党内生活，特别是在政策形成和党内选举中的地位和作用的自身建设。

（三）推进党内民主生活的程序和制度建设

着眼于从政党文化的制度层面发展党内民主，促进党内和谐与团结，执政党就必须为党员权利的实现和党内民主提供程序的支援和制度的支撑。没有制度支撑的民主不是真正的民主、健全的民主。同样，没有程序支援的权利不是真正的权利、现实的权利。关于党员的权利，党的各级组织及其权力民主运行的机制，中国共产党的党章都有明确的规定。在看到党章体现中国共产党的先进性、民主性的同时，我们也应看到，由于以往党内民主的程序建设、制度建设相对滞后，党章所明确规定的党员民主权利和党内民主机制还是存在着相当大的"变现"空间。

有关党内法规

《中国共产党党员领导干部廉洁从政若干准则（试行)》
《中国共产党党员权利保障条例》
《中国共产党党内监督条例（试行)》
《中国共产党纪律处分条例》
《党政领导干部选拔任用工作条例》
《建立健全教育、制度、监督并重的惩治和预防腐败
　　体系实施纲要》
《关于实行党风廉政建设责任制的规定》
《关于县以上党和国家机关党员领导干部民主生活会
　　的若干规定》
《关于领导干部报告个人重大事项的规定》
《关于对党员领导干部进行诫勉谈话和函询的暂行办法》
《关于党员领导干部述职述廉的暂行规定》

党内民主生活的程序建设要着重解决党员权利怎么保障的问题。这些问题主要集中在如下几个方面：首先，参加会议、参与党内事务的讨论和评议是党员参加党内民主生活的重要形式，但许多党员参加的基层组织会议甚至是较高层级的党内会议都往往忽略必须形成决议并付诸表决这一关键环节，致使会议流于空洞，效果较差。其次，虽然党员享有党章规定的各项意见表达权利，但由于缺乏完整、有效的程序支撑，党员并不能很方便、无保留地向党的各级组织反映自己的意见和要求，他们甚至找不到党内明确的对口负责的相关部门和工作人员。第三，关于选举权利的实现也存在许多亟待改进的地方。党内相关的选举条例在党员的作用、党员选举权利的行使方面缺乏明确的关照，结果从候选人提名到投票、到选举结果认定的全部过程中，普通党员始终处于被动的地位，甚至连要选谁、选的是谁都不清楚，他们的选举权力也就得不到真实的实现，这同样是将来我们必须重视并大力改进的地方。推进党内民主的程序建设，一个重要的突破口就是大胆打破一些旧的、不好的惯例，同时探索和创设新的、好的惯例。比如说，一个时期以来，党员、基层组织向自己选出的上级组织提出不同意见，提出质询和要求负责的现象比较少见，反倒是党员、下级组织迎合上级，作为上级附庸的做法成了惯例。类似的情况还有很多，这恰恰正是我们尤其需要深刻反思和彻底革新的地方。

关于健全党内民主制度，从当前来看，关键就是要从系统、整体的角度出发，做出建设性的努力。在相当多的情况下，只要一提到要搞制度建设，总是有人就会拿出一些五花八门的规定、条例给你看，仿佛这就是制度建设的全部。这样的理解、这样的做法是片面的、错误的，只是捡到了几粒芝麻，丢掉了整个西瓜。完整意义上的制度建设，不仅仅包括制造一大堆规定、条例等零部件，更要把这些零部件组装成驱动党内权力制衡和推进党内民主发展的动力机组。这就要求执政党在制度建设中能够掌握系统论的思维，具备较高的驾驭全局的能力，尽可能地避免不同的制度要素之间彼此矛盾、相互打架引发机能失调而导致制度局部或整体的失效。具体来说，促进党内民主生活的制度建设应当注重如下方面的工作：第一，完善党代会制度，试行党代会常任制，实行党代会代表的任期制。这样做的目的，是要强化党代表在党内民主生活中的地位和影响，继而强化党员和基层组织在党内生活中的分量和作用。制度建设的关键是，要以具体可行的程式事实上强化党代表密切联系党员和基层组织，真正表达党员和基层的声音。第二，完善全委会和常委会工作机制，建立健全中央政治局向中央委员会、地方各级常委会向全委会负责的制度。党内同样要建立起质询机制、问责制度。只有这样，才能够切实保证实际掌握党内执行权力的领导机构和干部真正尊重、服从全党的意志。第三，必须继续严格实行民主集中的制度。中国共产党当然应当是一个高度民主的政党，它当然也应当是一支步调一致、纪律严明的铁军。我们固然不能够以集中损害民主，但也不能以民主牺牲集中。保持党内的权威是非常必要的，但是这个权威必须有广泛的党内合法性基础。只有坚持和发展民主集中制，我们才能实现两者更紧密更有效的统一。

党内监督的七大重点内容

2004 年 2 月 17 日颁布的《中国共产党党内监督条例（试行）》规定了七项党内监督的重点内容：遵守党的章程和其他党内法规，维护中央权威，贯彻执行党的路线、方针、政策和上级党组织决议、决定及工作部署的情况；遵守宪法、法律，坚持依法执政的情况；贯彻执行民主集中制的情况；保障党员权利的情况；在干部选拔任用中执行党和国家有关规定的情况；密切联系群众，实现、维护、发展人民群众根本利益的情况；廉洁自律和抓党风廉政建设的情况。这七项党内监督的重点内容，立足实际、操作性强，使党内监督有章可循。

五

创新组织建设，铸造强有力的建构和谐社会的主力军

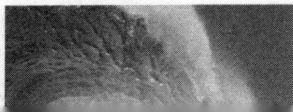

我们党始终是在复杂多变的国际形势下领导十几亿人民坚持中国特色社会主义建设，为实现中华民族的伟大复兴而奋斗。从现在起到本世纪中叶，是我们国家发展和民族振兴的一个关键时期。在此期间，中国、中华民族能否和平崛起，中国社会能否可持续发展，关键在于我们党能否坚持和落实科学发展观，能否成功地构建和谐社会。这是关系我们党、国家和民族的前途命运的重大战略问题。中国共产党的自身建设必须有力地配合党和国家伟大战略任务的实现。为此，大力创新党的组织建设，努力提高广大党员干部的素质，建设一支能够担当重任、经得起风浪考验的高素质的党员干部队伍，铸造一支建构社会主义和谐社会的坚强有力的主力军，是我们党在新世纪新阶段非常重要、非常突出的战略任务。

（一）造就一支德才兼备、亲民善治的高素质领导干部队伍

引领伟大的事业，需要有伟大的党，需要有最好的干部。党的干部队伍建设直接决定着党的兴衰，决定着中国特色社会主义事业的成败。毛泽东同志曾经指出："政治路线确定之后，干部就是决定的因素。"对于一个长期引领现代化建设的执政党来说，最可怕的事情有两件：一是有错误的政治路线但却有干练的干部队伍；二

五 创新组织建设，铸造强有力的建构和谐社会的主力军

是有正确的政治路线但却没有干练的干部队伍。毫无疑问，这两件事情都一定会给党和人民的事业带来惨重的损失和破坏。世界上曾经执政过的共产党在这两个方面几乎都有过深刻、沉痛的历史教训。就中国共产党而言，在中国这样一个落后的发展中大国执政，肩负如此繁重的历史责任，它就必须更加努力地寻求将正确的路线与好的干部队伍紧密结合起来，并且坚决地避免和杜绝一定会带来损失和破坏的政治路线与干部队伍之间不当的和消极的组合。

从结构与功能的角度来看，革新组织建设的关键目标之一，就是造就一支德才兼备、亲民善治的高素质领导干部人才队伍。在中国传统文化语境中，"德"是与"道"相对应的一个概念。道就是客观规律，德就是"得"，就是人们从客观规律那边得到东西，就是人的内心世界、精神世界当中合乎道的那些积极的、良善的东西。德是立身之本，有德之人才能有志于党和人民的事业，有志于党和人民的事业才是最大的德。有德无才的人不能充任党的领导干部，有才无德、无才无德的人更不能充任党的领导干部。只有德才兼备的领导干部，才能真正愿意倾听党员群众的声音，也只有愿意倾听、善于倾听党员群众声音的领导干部才是真正善于治党治国的干才。我们党需要这样的干才，我们的人民需要这样的干才，我们的组织建设就要致力于发现、选拔、培养、使用这样的干才。

造就一支德才兼备、亲民善治的党的领导干部人才队伍，首先就要把好进口关。把好进口关不仅要依靠党的组织部门，更要依靠全体党员和党的各级组织，依靠广大的人民群众。对于那些在党内有较高声望，在党外有广泛影响力，并且深受人民群众信赖、欣赏的人才，就应当着重关注、培养和选拔使用。除了把好进口关以外，也还要有严格科学的管理和培养工作。人总是在变化。此时此地表现得德才兼备、亲民善治的干部，彼时彼地或可能才尽德失、骄纵专横。这样的事例不少。因此，领导干部的培养和管理必须与选拔任用无缝衔接，必须实现动态与静态相结合。当然，动态管理要突出，要做更多、更扎实细致的工作。此外，还要疏通出口。建立健全领导干部的退出机制也是非常必要的。对于许多不合格的干部、不适宜或不愿意继续工作的干部，就应当让他们方便迅捷地离开干部队伍。这也是我们打破官本位思想和制度残余工作的重要组成部分。简言之，我们的组织建设必须在深化党的干部人才工作、人事制度方面不断革新，坚持并更好地贯彻选人、用人过程中的民主、公开、竞争和择优原则，形成系统、成熟、科学的干部选拔和任用机制。

十七大以后，党的干部与人才工作将会更加突出科学发展、以民为本的原则。一个时期以来，一方面由于党内对领导干部选拔指标体系中关于政绩问题的解读出现了一定的偏颇；另一方面由于一些地方在领导干部选拔任用工作中群众路线贯彻得不够全面和深入，导致一部分领导干部心目中有上级，有 GDP 数字，有个人升迁的冲动，唯独没有国家和人民的利益。结果是，提拔使用了一批不合格的干部，人民群众对他们很不满意，对他们的工作很不满意。这种局面如果继续下去，我们的发展就会偏离人民的方向，就会偏离社会主义的方向，人民群众就会对党失去信心。针对这一问题，以胡锦涛同志为总书记的中央领导集体果断出手、大力匡正，适时提出了科学发展、以人为本的政治理念，希望能够从根本上改变这一不正常的状况。科学发展就是要服务于国家和人民的利益，而不能只是效力于领导干部个人及其小圈子的利益。正是在这个意义上，胡锦涛总书记才要求领导干部要"常修为政之德，常思贪欲之害，常怀律己之心"，中央才一再要求领导干部要坚持深入基层、深入群众，倾听群众呼声，关心群众疾苦，做到权为民所用，情为民所系，利为民所谋，带领群众创造自己的幸福生活。

在科学发展观的指导下管好干部是革新党的组织建设的重要目标。这里就有一个怎样理解党管干部以及党怎样管好干部的问题。党管干部不能被简单理解为组织部门管干部，也不能是几个领导管干部，甚至不能是党通过任命制和变相的任命制来管理干部。沿袭了上述做法的传统的"党管干部"实际上没有群众基础，首先创制这一不正常的"党管干部"传统的苏联共产党，就是因为长期沿袭这一传统的关系，造成了党的干部不向人民负责，甚至不向党负责的弊端，使苏共彻底失去了群众信任，最后亡党亡国。

执政党必须以改革创新的原则重新阐释和实践党管干部原则。首先，必须尽快改革传统的领导推荐、组织部门考察、党委任命三段式封闭的选拔任用办法。其次，党管干部还是要走群众路线，干部到底怎么样，到底选什么样的干部，还是要由群众说了算。第三，要建立保持党的干部人事工作内循环与人民群众选举、监督、评判外循环之间通常衔接的机制，使党管干部原则逐渐朝着党领导人民管理干部这一方向发展。亦即：在干部人事管理过程中，党要保持自己的主导权和影响力，而人民群众则要保有自己的选择权、决定权。这两个方面的权力必须紧密合作但又绝对不能彼此替代。否则，就不会有真正的党管干部，就不会有有效率的党管干部。

成都新都区举行镇党委书记直选，
开创全国先河

2003 年 12 月 7 日上午，成都市新都区木兰镇直选镇党委书记在该区举行。此次直选活动不仅为木兰镇找到了新的当家人，同时亦开创了全市、全省乃至全国直选镇党委书记的先河，受到社会各界一致好评和人民群众普遍欢迎。2003年9月，由于工作调动，新都区木兰镇党委书记人选出现空缺。经过研究讨论，新都区区委最终决定进行镇党委书记直选。从最早提出建立阳光政府到让老百姓和基层干部给区级领导打分，从海选新都一中副校长到直选新都职业技术学校和大丰中学校长，其民主选举干部的氛围在新都已经深入人心，直选镇党委书记已经有了充分的准备。截至12月1日，共有20人报名参加公推直选。经过资格审查，11人符合竞选条件。经过7天的公示和实地调研，这11名候选人中有2人被公推选出。12月7日上午，中共新都区木兰镇党委书记直选在木兰中学操场上正式举行。会议通过选举办法，监票人和监票人建议名单、总计票人和计票人名单，最终以480票选出了中共木兰镇党委书记。此次成都新都区镇党委书记的直选成功，无疑是一次推进政治文明、扩大党内民主的生动实践，它为巩固党在农村的执政基础，更深入地迈进了一步。

——中国广播网 2003 年 12 月 9 日

（二）加强党员队伍和基层组织建设，永葆党的生机和活力

　　中国共产党的先进性要靠千千万万高素质党员来体现，党的基层组织是党执政的组织基础。与此同时，人

民群众也首先是通过党员和党的基层组织来认识、了解和评价中国共产党的。党员和基层组织扎根于人民群众之中，是执政党联系群众、团结群众的纽带，也是化解矛盾、维护社会稳定的关键性因素。同时，党员和基层组织还是服务群众、凝聚人心的重要力量，在服务群众、表达诉求、凝聚人心、排忧解难方面有着不可替代的作用。因此，党员队伍和基层组织建设在党的组织建设中也是极为关键的组成部分。这一方面的工作做得好，党员素质和先进性程度不断提高，基层组织的凝聚力和战斗力就会不断增强，执政党联系群众、团结群众、服务群众的渠道就会畅通无阻，执政党的社会基础就会无比巩固，党就能够始终从人民群众的支持中汲取能量，就能够永葆自身的生机与活力。如果这方面的工作做不好，党员的素质差，甚至不如普通民众，党的基层组织涣散无力，那么党就会失去战斗力、影响力，就会被群众抛弃，就不可能健康发展。

党的先进性主要是靠党员和党的基层组织来体现，社会主义的社会建设、和谐社会的构建也主要是靠党员和基层组织来推动。一个时期以来，我们党的党员队伍和基层组织建设从总体上来说是不断发展和进步的。但也的确面临着很多令人忧心的问题。其中比较常见的主要有以下几个方面：组织发展在速度和数量都非常可观，但却形成了党员质量方面的隐忧。许多党员党性不强，思想上入党的问题没有较好的保证。由于党员成分日渐复杂，各种非马克思主义的和落后保守的理念鱼龙混杂，党的先进性面临严峻考验。随着现代化建设的深入发展，党员在区域、行业之间的流动性不断加强，党员的组织、管理和培训工作相形之下就显得比较滞后和被动。基层党组织与村（居）民自治委员会关系紧张，影响基层社会的稳定发展。非公有制企业党组织组建率低，影响企业和谐环境的形成。部分国企党组织参与决策职能弱化，影响劳资关系的健康发展。社区党的建设工作条块分割现象依然突出，影响社区工作有序开展，等等。上述问题如不解决，势必会影响和谐社会的建设，影响党的执政基础。

针对上述问题，十七大报告对党员队伍和基层组织建设提出了新的要求。首先是要全面巩固和发展先进性教育活动成果，着力加强基层党的建设。要扎实抓好党员队伍建设这一基础工程，坚持不懈地提高党员素质。要组织党员认真学习党章，增强党员意识，建立党员党性定期分析制度，拓宽党员服务群众渠道，构建党员联系和服务群众工作体系，使党员真正成为牢记宗旨、心系群众的先进分子。同时加强和改进流动党员管理，加强进城务工人员中党员的工作，建立健全城乡一体党员动态管理机制。其次是要落实党建工作责任制，全面推进农村、企业、城市社区和机关、学校、新社会组织等的基层党组织建设，优化组织设置，扩大组织覆盖，创新活动方式，充分发挥基层党组织推动发展、服务群众、凝聚人心、促进和谐的作用。要以党的基层组织建设带动其他各类基层组织建设。在党的基层组织和党员中深入开展创先争优活动。建立健全城乡党的基层组织互帮互助机制。此外，还要在全国农村普遍开展党员干部现代远程教育。建立健全党内激励、关怀、帮扶机制，关心和爱护基层干部、老党员、生活困难党员。注重解决基层组织经费保障和活动场所等问题。

为了全面落实中央的新要求，必须努力结合社会主义构建和谐社会的具体实践要求，以及我们党自身建设发展的实际状况，实事求是、与时俱进，大力推动党员队伍和基层组织建设重心、内容、目标和方式的调适与革新。当前的改革和发展客观上要求执政党尽快将基层组织建设重心从单位向社区转移。相应地，党的基层组织工作内容也应当尽快从官本位转向以人为本。基层工作就是要做党员和群众的工作，就是要把他们当做一个个有利益、有诉求、有尊严的个体，而不能再将其视为官僚体制下没有生气的机械的零部件、附属品。否则，党员称号、党的组织就会丧失吸引力。党的基层组织工作方式也要有所转变，从粗放式的对人的时间和空间的占据、控制转向精致集约型的服务，转向重视深入影响党员群众理念和行为的质量。换句话说，就是人性化，

五　创新组织建设，铸造强有力的建构和谐社会的主力军

081

就是结合人的本性、利益和需求，一步步潜移默化地引导党员群众致力于满足他人的、群体的、社会的、党和国家的需要，要让他们感觉到，自身利益的实现要以他人利益的实现为条件，因而他人利益的实现对于自身利益的实现来说也就非常必要。

湖南资兴农村基层党建带动地方
经济发展的"1+2"模式

湖南省资兴市以整合村级组织资源为突破口，探索和推行"1+2"村级工作模式，创新基层党建工作，成效明显。"1+2"模式就是以村党支部为核心，有效整合村民自治组织、农村合作经济组织，实现组织功能互补，形成农村全面建设小康社会的合力。

"实行这一模式的初衷是为了解决当前村级工作中的一些现实问题。"资兴市委书记李评说。长期以来，村级党组织主要靠收取"三提五统"进行农村基础设施建设和社会公益事业建设，为群众提供服务。取消农业税后，村党组织日常运转主要靠有限的财政转移支付来支撑，"无钱办事"的矛盾凸现。部分村"两委"关系不协调，村级组织整体功能不强，已到了非改不可的地步。资兴市委组织部部长周亦彬介绍说，有的村委会负责人不能正确处理党的领导与村民自治的关系，在实际工作中各自为政，影响当地经济发展和社会稳定，迫切需要从组织形式和制度安排上改变这一现状。

资兴市财政投入 600 万元，全面推行村干部规范化管理，实行"1+2"模式，调动村干部经济建设的自觉性和主动性。"1+2"村级工作模式主要形成了两种形式：村党支书、村委会主任、村经济联合会会长由一人兼任，三套班子成员交叉任职；村党支书、村委会主任分设，其中一人兼任村经济联合会会长，三套班子成员交叉任职。充分整合农村党支部组织资源和人力资源，构建村级组织体系，以村党组织为核心，发挥村民自治优势，领办、创办各种经济实体。

白廊村是一个典型的后靠移民无耕地村。20世纪80年代，国家重点工程东江水电站关闸蓄水，白廊村大片良田被湖水淹没，村民响应政府号召，移民后靠。当时全村没有一处耕地，可供开发的荒山面积人均不足1.2亩，人均年收入仅430元。白廊村党支部书记袁竖雄说："那时，村民全靠吃国家定销粮度日，村级集体收入为零，村干部没有什么待遇，谁也不愿干。"近年来，白廊村相继发展养猪、养鱼、种果、农家游四大支柱产业，涌现一批专业大户，协会组织应运而生。村党支部书记兼养鱼协会会长何赛跃告诉记者，到2006年，村集体收入已有近50万元的"家底"，村民人均可支配收入达8000多元，被湖南省委评为"基层党建示范点创建单位"。

州门司镇黄旗洞村前几年还是典型的用水难、用电难、行路难的"三难村"，村集体经济年收入不足万元。2005年，这个村结合换届，推行"1+2"模式，各项工作的被动局面迅速改观。在村党支部的领导和村经济联合会的带动下，村人均收入大幅增加，25户贫困农户全部脱贫。村党支部和村干部转变工作重点，站到了发展农村经济的前沿，夯实了基层组织的物质基础，有效推动了农民增收。资兴市经管局副局长陈昭平介绍说，2006年，资兴市综合经济实力排名居全省前列。目前，全市已彻底消灭集体经济空白村，人均纯收入已由 2002 年的 3554 元，增加到了 5198 元。

资兴市一些干部认为，"1＋2"模式找准了基层党组织建设的着力点，强化了村党支部对农村工作的有效领导，解决了农村普遍存在党建工作与经济工作"两张皮"的问题，破解了村党支部发挥核心作用这道难题，实现了党对农村工作的全面领导。湖南省委组织部副部长何泽中说，通过这一方式整合组织资源，较好地实现了村党组织领导核心权、村民民主自治权和经济组织经营自主权的有机结合，促进了农村基层组织人力、经济、土地等资源的优化配置，有效促进了农村基层组织建设、村民自治、经济社会发展的良性互动。

——新华网长沙10月9日电

（三）结合中国社会和谐发展与政党现代化的要求，推进组织建设的革新

正如国家、民族落后就要挨打一样，政党落后就会被动、就会受责难。社会发展要求发挥引领作用的政党、执政党首先实现自身现代化，社会发展总是要将主导权交给最现代化的政党手中。而在另一方面，政党及其组织建设又必须跟得上现代化的步伐，必须始终适应现代社会发展的趋势和要求。所谓政党现代化，就是政党适应社会现代化的发展进程，适应客观环境及其变化

的要求，使自身结构、功能、机制和活动方式不断科学化、规范化和制度化的过程。政党结构、功能、机制和活动方式的现代化最终都要依靠政党的组织直接体现出来，政党对经济社会发展要求的反应也要通过政党的组织变化来实现。所以，政党组织的现代化是政党现代化的关键所在。

当前，世界各国政党几乎都在面临自身组织现代化的任务。西方发达国家的政党面临向后工业社会政党转型的第二次现代化任务，广大发展中国家的政党则面临着从传统社会政党向现代化社会政党转型的任务。在中国，随着社会主义市场经济逐步确立起来，现代化进程真正得以全面铺开。此间，许多老问题、旧矛盾不断暴露出来。同时，新情况、新问题也是层出不穷。为了保持经济社会长期、全面、协调和可持续发展，我们必须坚持实践科学发展观，在大力发展社会生产力的同时，努力建构和谐社会。当前，中国社会发展已经推进到不深入改革政治体制，经济社会矛盾就无法根本解决，社会和谐和永续发展就无法保证的阶段。来自社会生活各个领域、各层次的呼声是一致的：执政党必须与时俱进，必须改革自己的领导体制和领导方式。因此，加速执政党现代化的进程，特别是加快执政党组织现代化的速度，早已是一个迫在眉睫的历史任务。

鉴于中国社会现代化的实际水平和中国共产党现代

五　创新组织建设，铸造强有力的建构和谐社会的主力军化的基本状况，结合构建社会主义和谐社会的需要，中国共产党组织现代化的目标不宜求大求全，而是应当系统规划、稳步推进。目前，关键是要在条件已经比较成熟的相关领域有所作为、有所突破。

首先，要夯实组织基础，强化党的组织代表民意和联系社会的广泛性。这一方面主要是党的组织发展的问题。党员干部队伍建设一是要质量，二是要力量。相比较而言，数量倒是第二位的东西。这是因为，如果党员干部道德品质、政治素质和能力素养质量不过关，数量再多也不会有影响力、凝聚力。同样，如果忽视了影响力、凝聚力的要求，也就不会有真正的质量上的提高，数量多了反倒更可能会走向反面。目前，中国共产党组织发展的两个方面——党员发展与管理、组织设立与管理都存在着较大改进的余地。随着社会流动性的增强，党员发展和管理长期实行以单位、户籍地管理为主的做法已经落伍，且难以保证工作的质量。针对这一情况，我们应当尝试转向新的社会管理为主的模式。此外，还非常有必要建立起定期党籍整理和党员登记制度，这样做既可以疏浚党员队伍的出口，也可以起到强化管理党员动态管理的作用。关于组织设立及其管理，要优化党的组织设置，避免组织资源配置的不合理、不均衡。同时，也必须注重扩大党的组织覆盖面，特别是要注重党在新社会组织中的组织存在。

其次，要创新制度，采取措施，提升党员和基层组织在党内的地位和影响，推动党的工作和活动中心向基层适当倾斜。从十六届六中全会到党的十七大，社会建设在党的路线、方针、政策中的权重逐渐增强，逐渐上升为党的文献中与政治、经济和文化建设相并列的重要语汇。社会建设是其他三项建设协调和可持续发展的基础。由于党员和党的基层组织是社会建设的主力，是直接影响广大群众和其他各类基层社会组织的主体，我们必须大胆地创新组织体系和组织工作，彻底改变以往那种义务责任向下、权利资源向上的头重脚轻的组织结构，赋予党员更多的职责，给予基层党组织更多的权力和资源，方便他们及时解决大量存在于社会基层的问题和矛盾。

第三，要加强党的信息化建设，推动电子政党工程的发展。目前我们对政党信息化的理解还仅仅限于把并不丰富的相关信息拷贝到互联网上。而在发达国家，越来越多的政党精英和领袖们已经在通过博客网页、聊天系统、互动视频等形式与党员群众保持直接、即时的在线联系。政党不仅通过网络平台发布信息，也通过它采集、积累和完善党员信息，并且利用这些信息对党员进行个别的关照，尝试着把党的组织建在党员的心上。我们必须客观地找差距，并积极地采取措施，强化党在虚拟空间的存在。这样做还有一个重要的作用，那就是同时能够使我们党近距离、无阻隔地联系广大青少年。青少年是网络技术最主要的受众，也是中国社会未来的中坚，我们党的组织建设必须注意以青少年惯常的交往方式去影响他们，自己积极主动地走到他们的心上，而不能够再遵循传统的守株待兔的方式，否则就会出问题。

同时，我们也必须积极创造条件，为实现政党组织现代化的其他几方面的目标而努力。这些在目前来看还缺乏可操作性的东西并不意味着可有可无，它们在现代社会中已经具备了很强的现实性，或早或晚总会提到日程上来。综合我们能做的和将来必须要做的，所有这些努力都是为了使我们党的组织建设更富于时代性，都是为了使我们的党能够内部亲密无间、团结统一，外部拥有对社会公众的广泛的影响力、凝聚力，从而能够更加卓越地引领中国现代化和构建社会主义和谐社会的光辉事业。

六

密切党群关系，永远致力于民族的振兴和人民的幸福

胡锦涛总书记在党的十七大报告中指出，优良的党风是凝聚党心民心的巨大力量。党的作风建设历来是党建工作努力的重点，我们党总是要通过作风建设来密切党与广大人民群众之间的鱼水关系，将中华民族整合成为一个休戚与共的有机的命运体。从党的自身建设角度来说，党的作风建设就是要使党能够永远致力于民族的振兴和人民的幸福。

（一）党风、政风与社会风气之间到底是一种什么样的关系？

党风、政风分别是指政党的作风和政府的作风。作风也就是风气，就是特定社会群体在思想、行为等方面向社会公众所展现出来的整体面貌和整体形象，这一面貌、形象直接取决于群体的内部关系，并从根本上决定群体与外部世界的关系。社会群体内部关系怎样反映这些群体对外部世界整体的认识和把握，决定这些群体及其成员怎样对待外部世界。

社会群体作风从根本上取决于群体内部关系，但同时也要受到外部关系的影响和渗透。社会群体的作风与社会整体的风气是彼此作用的。从根本上讲，社会风气的好坏取决于社会关系的良莠，社会关系的良莠又取决于社会制度的优劣，而社会制度的优劣又取决于人们思维的惯性和行为的惯例。这一逻辑反过来也是成立的，人们的习惯好坏受到制度优劣的影响，制度优劣受到社会关系良莠的作用，社会关系的良莠受到社会风气好坏的熏习。比如说排队上车，如果不允许插队、抢座，违规就会给予惩罚，大家就都会老老实实排队，乘车秩序越来越好，越来越便捷文明。反之，如果插队、抢座没人制止，总有人通过插队、抢座赚得便宜，就没有人会老老实实排队，如有也被认为是傻子，结果是乘车秩序越来越混乱，既不方便也不文明。

执政党和政府内部的风气与整个社会风气之间存在着正相关关系。执政党党风不正则政府政风不正，政府政风不正则社会风气不正，社会风气不正反过来会进一步加剧政党、政府风气的败坏。这是

在领导干部中大力倡导的八个方面的良好风气

2007年1月，在中纪委七次全会上胡锦涛总书记提出，要在领导干部中大力倡导八个方面的良好风气：勤奋好学、学以致用，心系群众、服务人民，真抓实干、务求实效，艰苦奋斗、勤俭节约，顾全大局、令行禁止，发扬民主、团结共事，秉公用权、廉洁从政，生活正派、情趣健康。这是我们党第一次针对领导干部作风建设提出全面而具体的要求，这些重要论述涉及思想作风、学风、工作作风、领导作风和生活作风，具有很强的针对性、指导性和时代感。

一个恶性循环。反过来执政党党风过硬，则政府政风良好，政府政风良好则社会风气良好，社会风气好又会进一步促进党风、政风的优质化。这是一个良性的循环。在良性循环与恶性循环之间起到决定性作用，决定社会生活有没有秩序、社会风气是不是文明的关键在于制度。制度可以从根本上协调或变革社会关系、社会结构，它向上衔接传统与惯例，向下联系生活与实践，是变革传统和规范现实生活的决定性力量。邓小平同志曾经指出，制度问题带有根本性、全局性、稳定性和长期性。好的制度使坏人不能做坏事，必然带来清新的党风、政风和社会风气。相反，不好的制度使好人做不了好事，甚至走向反面，结果使党风、政风、社会风气污浊不堪。在现代社会中，在制度的创设及其革新、调适和发展过程中起关键作用的还是政党和政府。政党、政府既掌握公共权力，又对社会生活产生示范效应。因此，它们必须正视社会期待、优化调整内部关系、努力服务于社会公众，以良好、过硬的自身作风确保社会风气的纯正，促进社会的文明与发展。

（二）党的性质、宗旨和任务要求党必须不断改进自身的作风建设

加强和改进作风建设，是中国共产党自身建设必须

持之以恒的重要领域。党的作风建设总是会面临新挑战、新情况和新问题，它也正是在迎接挑战和解决问题中不断深入和获取成就的。中国共产党之所以如此正视和重视解决作风问题，是因为它的性质、宗旨和任务要求它必须这么做。中国共产党是工人阶级和中华民族的先锋队，这就决定了它要全心全意地为人民服务，从而也决定了它要带领中国人民走社会主义的道路，建设一个富强、民主、文明的社会主义国家。中国共产党的性质、宗旨和任务分别是以党章、宪法条文等基本政策、基本原则的形式公开宣示的，从特定的角度来看，它们都是中国共产党向广大人民群众所做出的庄严承诺。承诺是需要兑现的。无论是革命战争年代，还是和平建设时期，老百姓跟党走都不是无条件的，他们始终都不会忘记共产党对自己的承诺。中国人民之所以选择让中国共产党执政，不仅仅是由于她历史上成功地领导了中国的革命，更由于人们相信中国共产党的这些政策承诺会给自己带来源源不断的利益，为自己带来更好的发展条件和境况。

自身作风的好坏对于长期执政的中国共产党来说是非常关键的。一方面，它反映了我们这个党内部党员、组织和领袖整体素质的高下，也反映了这个党自身权利结构是否合理，反映了这个党兑现自己承诺的能力到底怎样。另一方面，它也在行为层面、实践层面真实地反映了我们这个党到底是怎样看待自己与老百姓关系的，反映了这个党是怎样看待自己的政治和政策承诺的，在老百姓眼中就是这个党到底有没有全面兑现自身承诺的诚意。这是一个什么性质的问题呢？我们前面曾有所提及，它就是政治合理性问题、政治合法性问题。作为执政的中国共产党，我们党是不是真正的共产党，是不是老百姓爱戴和拥护的执政党，关键取决于党是否全心全意地服务于人民的利益。党的性质、宗旨和任务不仅要体现在理论宣传中，更要体现在政策和实践中。说一千遍党的先进性，道一万遍党执政的合法性，不如做一件踏踏实实为老百姓谋福利的实事更有说服力和感召力。这个道理，对于广大党员和领导干部来说也是一样的，踏踏实实做事的人总比夸夸其谈的人要先进得多，他们也总是会受到人民群众由衷的拥护和爱戴。

（三）党的利益和人民的利益根本一致，但党始终存在着脱离群众的危险

我们党是一个先进的党，但这并不意味着它就没有丧失先进性的可能。我们党是一个执政党，但这并不意味着党的执政地位就是一劳永逸的。同样，我们在思想、立场和方法上将自己定位于无产阶级的党、中华民

族的党，将党的利益始终与人民群众的利益密切联系在一起，但这并不意味着在实践中所有的党员干部都能够不折不扣地做到这一点。在历史上、现实中，我们党确实能够保持自身利益与人民利益的根本一致，但这并不能从根本上保证将来情况不会发生变化。所有的这些不确定性都取决于党的作风。根据辩证唯物主义的立场和方法，负责任地、理性地来看党群关系，我们就会发现，党始终存在着脱离群众的危险。我们能够尽最大努力将发生这一危险的可能性降至最低，但却不能够从根本上消除这一可能性以及产生这一可能性的种种主观和客观条件。

我们曾经长期将党的利益与人民利益相等同，并在宣传中倾向于表白我们党没有自己的利益。这样做固然反映了我们党从主观上由衷地和迫切地致力于服务人民事业的崇高品质，但却失之于偏颇。我们党也是一个社会组织，是组织就会有自己的利益。党员、干部也是因为这个组织在某些方面有利于自身的发展和进步才加入进来的。从党的本质、宗旨和任务的角度来看，中国共产党相对独特的利益就是要长期执政，就是要带领中国人民建设富强、民主、文明、和谐的社会主义国家。党员、干部入党，也应当是出于入了党就能够更好地服务于人民、效忠于国家和民族的考虑。从这个意义上讲，我们长期宣扬的党没有自己的利益的说法是不精确的，应当说中国共产党所做的一切不希望掺杂私利的考虑才好。关键不在于有没有自己的利益，而在于我们必须将党的利益与私利区别开来，将党的利益与一般人民利益的区别明确下来，这样更有利于我们将党内某些私人的、小圈圈的私利与党的利益剥离开来，有利于更有效地防止假借党和人民的利益遂一己私利现象的发生，有利于我们党更好地将自身利益与人民利益统一起来。

但是，我们不能忽视由于长期执政的关系，党的利益被扭曲并掺杂进种种私利考虑的可能。法国思想家孟德斯鸠指出，一切有权力的人都容易走向滥用权力，这是一条千古不变的经验。有权力的人直到把权力用到极限方可休止。执政党执政的权力是人民给的，因而从根本上是人民权力的一部分。但是，由于长期执政的缘故，这一权力又始终具有相对的独立性。如果我们党的作风建设跟不上，党员干部对执政的认识、对权力的体验中没有了人民这一重要主体，就像人们长期用货币购买商品产生了拜金主义而忽视了价值创造活动本身一样，他们长期掌握的权力就有可能逾越边界，就有可能侵害到人民的权益。而当执政党的权力与人民权力发生尖锐冲突时，它就已经彻底地脱离了群众，那时，执政党的利益也就不再是人民利益的一部分，而只能是它的私利。

因此，慎重对待权力、慎重对待利益实在是执政党作风建设的关键所在。对于这一点，我们必须有清醒的认识和充分的估计。

（四）以求真务实的作风推进各项工作，多做打基础、利长远的事情

　　党的作风包括思想作风、工作作风，以及广大党员干部的生活作风等等诸多方面。概括地讲，怎样想问题、怎样做好人和怎样做好事，这三个方面是党的作风建设最为关键的链条，任何一个链条上出现问题，都会引发全局性的作风问题。问题想不清楚，好人、好事就做不了；做不了好人，从政的思路就会有问题，工作早晚会出事故；不去做好事，做不好事，反映出人的思想方法、观点立场有问题，反映出人的品质和能力有问题。我们党的作风建设必须竭力避免薄弱环节、薄弱链条的出现。否则，如果思想上的教条主义、经验主义盛行，那么党员干部就不会深入群众、深入实践，就不能把握问题的本质，就无法出台实事求是的政策。如果形式主义、官僚主义横行，党员干部就成了脱离群众的小圈子，就不会认真解决人民群众呼声高、很关心的问题。同样，如果党员干部腐化变质，那就一定会误党害民，少数人甚至会不惮于以民殃国难为代价来满足自己的私利。这并非是危言耸听，许多已经失去政权

始终站在时代的前列

的共产党在这些方面都有惨痛教训，我们必须引以为戒。

我们必须坚持不懈地推进党的作风建设，以党的作风建设保证思想建设、政治建设、组织建设、制度建设的正确方向和客观绩效，进而推动党的先进性和执政能力建设，使党永远致力于中华民族的伟大复兴和中国人民的自由与幸福。九层之台，起于垒土；千里之行，始于足下。伟大的目标与务实的工作、扎实的作风总是密切相关的。以党的作风建设带动党的各项工作，这就要求全党，包括各级组织和全体党员干部务必保持谦虚谨慎不骄不躁的作风，务必保持艰苦奋斗的作风，始终将国家和人民的利益放在心上，始终多做打基础、利长远的事情，多做让人民群众满意、高兴的事情。

打基础，主要是指巩固和增强党的群众基础、社会基础。巩固、增强党的群众和社会基础，就必须把党建在群众心上。把党建在群众心上，让群众心中有党，党就必须首先走入群众心中。为此，就必须努力去了解民情、民意，就必须认真倾听人民群众的心声，就必须认真对待人民群众的利益表达，就必须仔细协调和处理各阶层、各方面的利益关系，就必须立足于既从总量上增加可供分配的利益，又从结构上优化利益分配的比例。利长远，是指要兼顾党的命运、人民的幸福和国家的前途。任何个体、组织的发展，都必须把长远战略和当前的战术、目标结合起来，都必须从全局的历史的高度想问题、做事情。这是因为，人们眼前遇到的问题、所做的事情往往并不与未来的战略需要合拍。没有根基但又红红火火、轰轰烈烈的东西转瞬间就成了过眼云烟，但是，往往又是因为这些表面文章挤占了大量的时间和精力，耗费了大量的资源和力量，反倒使应当做的没有做，该做好的没做好。历史无论是对个体来说，还是对政党等群体、组织而言，在给予机会、机遇的时候总是吝啬的，过了这个村往往就没有那个店。所以，我们必须有认真扎实的作风，多做对国家人民的未来有利、对党的事业全局有利的事情。

（五）必须旗帜鲜明、立场坚定地推进反腐倡廉工作

我们的古人曾经深刻地揭示出这样一个深刻的道理：物必腐而后虫生，人必疑而后谗入。这个道理对于我们理解腐败对于党群关系的破坏是再恰当不过的了。我们这个党是一棵参天大树，七千万党员及数量可观的基层组织使这棵大树枝繁叶茂，人民的认同和支持使这棵大树根深蒂固。但是，腐败现象，少数党员干部的腐化堕落危害极大，如果不加以遏止的话，他们就足以彻

底败坏党的形象，完全离间党和广大人民群众的关系，从而最终使我们党这棵参天大树失去生命的光华，失去力量的源泉。为此，我们必须旗帜鲜明、立场坚定地推进党的反腐倡廉工作，并将其作为党的作风建设的重大环节。

党内滋生腐败现象的原因是多方面的。其中，既有观念上官本位、封建传统遗留和资产阶级思想侵蚀的原因，也有经济社会的变迁导致原有道德和法的规范体系出现新旧交替、调适空档期的原因，更有权力结构和运行机制上缺乏有效制衡的缘故。有一段比较长的时期，当提及腐败现象滋生的原因时，我们往往更加强调受到封建传统影响和资产阶级诱惑等客观原因，但相对来说，制度不健全、体制不科学等等其他主观方面的原因却较少被提及。正是基于这样不完整的认识，我们的反腐败工作虽然总体上是好的和卓有成效的，但却很难做到标本兼治和从源头上有效遏制腐败进一步蔓延的趋势。

长期以来，在上述这些问题上，无论是我们党的制度建设还是我们的民主法治建设都还存在着很大的努力空间。对此，党的十七大报告有着更加深刻、全面的认识。报告指出，必须完善制约和监督机制，保证人民赋予的权力始终用来为人民谋利益。确保权力正确行使，必须让权力在阳光下运行。要坚持用制度管权、管事、管人，建立健全决策权、执行权、监督权既相互制约又相互协调的权力结构和运行机制。健全组织法制和程序规则，保证国家机关按照法定权限和程序行使权力、履行职责。完善各类公开办事制度，提高政府工作透明度和公信力。重点加强对领导干部特别是主要领导干部和关键岗位的监督，健全质询、问责、经济责任审计、引咎辞职、罢免等制度。落实党内监督条例，加强民主监督，发挥好舆论监督作用，增强监督合力和实效。从党的作风建设角度来看，这些论断和安排都着眼于党和国家的长远，立足于密切党群关系和巩固党的社会基础，是建立在对当前和将来一段时期党的反腐倡廉工作清醒认识基础之上的。

在十七大深刻揭示了腐败成因、进一步明确了反腐目标，并且切实找到了反腐倡廉标本兼治的有效方法之后，我们党的反腐倡廉工作就极可能取得更好的成效、更大的突破。但是，它还是有条件的，那就是全党，特别是党的领导干部在反腐败工作中要树立起良好的思想作风、工作作风。我们必须旗帜鲜明、立场坚定地贯彻十七大关于以制度革新推动反腐工作继而改进党的作风的战略部署，必须持续把反腐败当做攸关党的生死存亡的大事来抓，必须认真把反腐败工作的成效当做衡量是否为人民和国家负责的标准来看。

腐败导致苏共亡党亡国的历史悲剧

苏共内部一直缺乏党内民主，又长期以党代政，这就造成了领导人专制，甚至独裁，同时也使得干部只怕得罪领导，不怕得罪群众。不受约束的权力，脱离人民的权力，必然造成腐败的蔓延。腐败得不到遏止的结果，必然是党内特殊利益集团的生成、壮大，必然是党和国家赖以存续的根本的动摇和毁坏。苏共的腐败已经发展到这种程度：共产党和社会主义的外衣已经成为党内既得利益集团的束缚，不便于他们放手、放心地去侵吞社会财富。有西方学者认为，苏共亡党亡国实际上是苏共上层精英集团对苏联发展方向理性分析的结果。这个精英集团信仰实用主义和物质主义，没有意识形态立场，重复官方的意识形态而不相信，只关心自己的特权和利益。当苏联面临发展方向问题时，他们理性分析的结论是：如果改革实现民主化，就会减少他们所拥有的特权和利益；如果回到改革前的社会主义，他们已经掌握的特权和地位又会受到原有的社会主义机制的限制，也不能积累过多的财富，更不能把特权和财富传给自己的子孙后代。而资本主义能够为他们提供最大的机会，不但有管理国家的权力，而且可以拥有财富。所以，到1990—1991年，在苏共精英中，有9.6%的人赞成共产主义和民族主义，12.3%的人赞成民主社会主义，76.7%的人赞成资本主义，其他态度的人为1.4%。所以，尽管在苏联剧变中点燃导火索的是反共分子，但对于苏联党内的腐败分子来说正中下怀。所以，他们乐得一呼百应，顺水推舟纷纷重新站队。苏共垮台前有一个关于苏共究竟代表谁的民意调查，结果认为苏共代表全体劳动人民的只占 7%；认为苏共代表工人的占 4%；而认为就是代表党的官僚、代表干部、代表机关工作人员的则占到85%。

主要参考文献

1.《马克思恩格斯全集》第 40 卷，人民出版社 1982 年版。

2.《马克思恩格斯书信选集》，人民出版社 1962 年版。

3.《毛泽东选集》第二、三、四卷，人民出版社 1991 年版。

4.《邓小平文选》第二卷，人民出版社 1994 年版。

5. 胡锦涛：《高举中国特色社会主义伟大旗帜　为夺取全面建设小康社会新胜利而奋斗——在中国共产党第十七次全国代表大会上的报告》，人民出版社 2007 年版。

6.《大力加强党的先进性建设　积极推动全面建设小康社会进程》，《人民日报》2005 年 1 月 15 日。

7. 胡锦涛：《在省部级领导干部提高构建社会主

义和谐社会能力专题研讨班上的讲话》，人民出版社
2005 年版。

8.《坚持科学执政、民主执政、依法执政　扎实加
强执政能力建设和先进性建设》，《人民日报》2006 年
7 月 4 日。

9.孟德斯鸠：《论法的精神》，陕西人民出版社
2001 年版，第 183 页。

10.阿克顿：《自由与权力》，商务印书馆 2001 年
版，第 342 页。

主要参考文献

后　记

　　21 世纪的第一个十年间，中国的发展又一次被历史推进到了一个转折的关头。我们这个国家、这个社会究竟是深化改革继续进步，还是随波逐流停滞倒退？这是每一个中国人，特别是每一个中国共产党党员都高度关注的问题。我们已经在理论上回答了这个问题。下一步，我们还要从实践层面继续回答这个问题，这一步更为关键。我国社会是一个由政党政府长期主导的发展中社会，执政党自身的状况决定了它的领导方式、执政方式，执政党对政府权力的运用和对社会生活的领导又始终深刻影响着改革和现代化事业的进退成败。因此，搞好党的建设，不仅为党自身所高度重视，也受到广大人民群众的密切关注。

　　进入新世纪，中国共产党的领导集体倡导以人为本，主张科学发展和构建和谐社会，亲民、爱民举措有目共睹。这是我们党在新时期继承和发扬自身建设优良传统的结果。自此基础上，党的十七大对党的建设提出了新要求、新目标，希望以改革的精神、开放的姿态、创新的面貌建设党，希望把党建设成为一个先进、民主、现代的执政党，这的确令人感到振奋，感到充满希望。但是，这并不意味着我们就已经解决了党建领域存在的所有问题。恰恰相反，问题还很多、很繁重，它们必须随着改革开放事业的不断深入而逐步加以解决。从这个意义上讲，改革开放的事业的确需要以改革、创新的姿态建设党。

老百姓和他们所创造的历史是最公正、最客观的，他们是对我国执政党建设作出评价的最适当的主体。将自身发展与建设同广大人民群众的意愿紧密地结合起来，这应当是新时期党的建设最为显著的特点了。在这样的历史背景下，以同老百姓对话、谈心的形式宣讲党的十七大精神，特别是其中关于党的建设的新思路、新举措，无疑是一件非常有意义的事情。作为一名从事政党理论研究的工作者，这是应尽的职责；作为一名中国共产党党员，这是光荣的任务。我尽自己最大的努力来做这本小册子，力求做到资料翔实、论证充分、语言通俗、结论客观。但是，由于时间与能力的关系，现状和目标之间还是存在不小的差距。我只能将现有的内容连同我的真诚、热情一起奉献给读者。本书存在着许多缺陷和不足，希望大家予以批评、指正。另外，在本书的写作和修改过程中，人民出版社的田园编辑倾注了大量的心力，对此我要表示最诚挚的感谢。

　　谨以此书献给党，献给养育我的人民。

徐　锋

2007 年 12 月 27 日于中央社会主义学院寓所

责任编辑:王世勇
封面设计:周文辉
版式设计:陈　岩
责任校对:周　昕

图书在版编目(CIP)数据

始终站在时代的前列——以改革创新精神全面推进党的
建设/徐锋 著. -北京:人民出版社,2008.1
(十七大热点通俗读物)
ISBN 978－7－01－006775－9

Ⅰ. 始… Ⅱ. 徐… Ⅲ. 中国共产党-党的建设-学习
参考资料 Ⅳ. D26

中国版本图书馆 CIP 数据核字(2008)第 000900 号

始终站在时代的前列

SHIZHONG ZHANZAI SHIDAI DE QIANLIE

——以改革创新精神全面推进党的建设

徐锋 著

人民出版社 出版发行
(100706　北京朝阳门内大街 166 号)

北京中科印刷有限公司印刷　新华书店经销
2008 年 1 月第 1 版　2008 年 1 月北京第 1 次印刷
开本:850 毫米×1168 毫米 1/32　印张:3.75
字数:65 千字　印数:00,001－10,000 册

ISBN 978－7－01－006775－9　定价:6.80 元

邮购地址 100706　北京朝阳门内大街 166 号
人民东方图书销售中心　电话 (010)65250042　65289539